LE DERNIER CRI

D'UN

DÉPOSITAIRE DE LA CHARTE,

OU

COUP D'OEIL RAPIDE

SUR L'ÉTAT ACTUEL DES LIBERTÉS NATIONALES.

Ouvrage du même Auteur.

Conspiration judiciaire contre l'indépendance de l'avocat, la liberté individuelle, la liberté de la presse, et la libre défense de soi-même.

Ouvrage *dont l'impression avait été empêchée*, et qui doit être utile aux magistrats, pour avoir horreur de l'arbitraire dans leurs fonctions; aux avocats, avoués et notaires, pour défendre leurs prérogatives; et à toute personne qui a le sentiment énergique de la justice, pour protéger l'opprimé contre l'oppresseur, et pour ne pas se laisser elle-même violemment dépouiller de ses droits les plus sacrés.

Avec cette épigraphe: *Où pourra donc se réfugier la justice, si ses pontifes la violent dans son temple?*

A Paris, chez le sieur FIAULT, *rue Hauteville*, n° 37. vol. in-8°. Prix, 4 fr. et 5 fr., *franc de port*, AU BÉNÉFICE DE LA VICTIME.

LE DERNIER CRI

D'UN

DÉPOSITAIRE DE LA CHARTE,

OU

COUP D'OEIL RAPIDE

SUR L'ÉTAT ACTUEL DES LIBERTÉS NATIONALES.

OUVRAGE DÉDIÉ AUX CHAMBRES;

PAR J.-B. MAILHOS,

Membre de plusieurs sociétés savantes, et avocat à la cour royale de Paris.

> C'est en effet la balance de l'aristocratie, de la monarchie et de la démocratie qui forme le gouvernement constitutionnel. Mais si vous détruisez cette balance, si vous élevez un pouvoir aux dépens de l'autre, vous rentrez dans les révolutions et dans le chaos. (*M. le comte de Cazes à la Chambre des députés, en décembre* 1817.

PARIS,

CHEZ { Mme L'ADVOCAT, libraire, Palais-Royal, galerie de bois,
DELAUNAY, libraire, au Palais-Royal, n°. 243.

1818.

DE L'IMPRIMERIE DE Mme Ve H. PERRONNEAU,
quai des Augustins, n° 39.

PROFESSION DE FOI

DE L'AUTEUR.

J'AIME *la royauté*, mais la royauté tempérée par la Charte constitutionnelle ;

J'aime *l'Aristocratie*, comme pouvoir populaire ;

J'aime *la démocratie*, comme un des élémens du gouvernement représentatif ;

Je ne suis pas royaliste fanatique, ni aristocrate effréné, ni fougueux tribun du peuple ; j'aime et je respecte également chacun de ces trois pouvoirs renfermé dans ses attributions.

Mais je suis esclave de la Charte qui assigne ses limites à chacun de ces trois pouvoirs ; et, dès que l'un d'eux empiète sur quelqu'un des autres, je ne puis devenir le complice de ses usurpations ; là monarchie devient alors *tyrannie*, l'aristocratie se change en *oligarchie*, la démocratie dégénère en *démagogie*.

Je ne manquerais pas de respect envers le pouvoir représentatif, dans le cas où il excéderait ses limites, en faisant entendre le cri national : *Ayez un respect religieux pour la prérogative royale* ; je ne manquerais pas plus de respect envers le pouvoir royal ; au cas de l'envahissement de quelque franchise nationale, en faisant parvenir au pied du trône le cri patriotique : *Sire , faites respecter la prérogative nationale*; je me prosterne devant le trône, je vois sur le trône un Roi inviolable, mais je vois sur les marches du trône un ministère responsable.

Je fais partie de la nation, j'ai un intérêt particulier à être bien gouverné, l'intérêt général ne m'est pas moins sacré puisqu'il contient mon intérêt particulier, et qu'il est la somme de tous les intérêts personnels ; j'ai donc le droit, comme sujet d'un gouvernement représentatif, de demander aux trois pouvoirs la jouissance de la Charte constitutionnelle et de la liberté publique, dont ils ont juré le maintien, et dont le dépôt a été confié à la fidélité et au courage de l'armée, des gardes nationales et de tous les citoyens (1). Ces principes paraîtraient des blasphèmes dans un gouvernement absolu ; mais le lecteur ne perdra pas de vue que, dans un gouvernement constitutionnel, ce sont autant d'hommages à l'auguste auteur de la Charte et aux chambres qui, comme lui, en sont gardiennes (2). Je viens rendre hommage à la loi fondamentale, constater les franchises nationales dont elle est le dépôt, et déplorer, avec les fidèles amis de la patrie et du trône, que l'octroi royal de toutes ces franchises ait été jusqu'à ce jour, pour ainsi dire, réduit à un résultat négatif si bien exprimé par l'axiome d'arithmétique, *donner et retenir ne vaut.*

Mais est-il permis à un citoyen d'examiner la législation, de démontrer en quoi elle est contraire à la loi

---

(1) Ordonnance du 13 mars 1815.

(2) Même ordonnance.

fondamentale, de gémir sur le malheur de sa patrie, de présager la plus terrible des catastrophes si l'on ne rentre d'abord sous l'empire de la Charte constitutionnelle, d'invoquer enfin la responsabilité des artisans du malheur public ?

Non, ce sont là autant de nouveaux délits, d'après M. de Marchangy, substitut du procureur du Roi près le tribunal civil de la Seine; délits dont s'enrichit aujourd'hui le Code pénal, mais dont il était vierge avant la révolution.

« 1° On est séditieux, dit ce magistrat, pour discuter les actes de l'autorité suprême, et pour démontrer « ce qu'ils ont de contraire à la politique et à la morale. » Laissons-le parler lui-même.

« Le Roi est infaillible : cette maxime n'est pas le servile hommage de l'adulation, c'est le résultat des méditations de la politique la plus profonde. Comment pourrait-on se conformer aux ordres du souverain et le servir avec ce dévouement fertile en miracles, avec cette foi naïve, pure, avec ce zèle brûlant qui anima si long-temps nos devanciers, s'il était permis de discuter ses volontés, et de chercher à démontrer ce qu'elles ont de contraire à la politique et à la morale ? Cette fatale habitude ne ferait plus d'un peuple de héros et de sujets fidèles qu'un ramas de rhéteurs pointilleux, refroidis dans les services qu'en attendait leur pays, par des dissertations sophistiques, qu'une tourbe de séditieux contredisant par des clameurs indiscrètes les actes de l'autorité suprême. »

« Les citoyens, en se soumettant au gouvernement monarchique, sont censés avoir réuni toutes leurs volontés particulières dans la personne de leur souverain, pour l'exécution des pouvoirs à lui délégués par les lois ou les constitutions du pays. Il résulte de cette haute fiction, que le Roi ne peut mal faire; vérité, sinon positive en ce sens, que le Roi est un homme, et que tous les hommes peuvent errer, vérité du moins éminemment politique, maintenue dans l'intérêt de la société, et sans laquelle le Prince ne pourrait remplir sa grande mission. D'ailleurs, si le monarque se trompait, son erreur serait moins préjudiciable à l'intérêt public, que le discrédit de la monarchie qui résulterait de la critique du pouvoir et du défaut de confiance; car un monarque passe, et la monarchie reste. »

La doctrine de M. le substitut du Roi me paraît ouvertement contraire à la Charte et à la nature du gouvernement constitutionnel; elle me paraît ne pouvoir convenir qu'au gouvernement despotique.

« C'est dans le gouvernement absolu qu'on regarde « *comme une tourbe de séditieux* ceux qui contredisent, « par des clameurs indiscrètes, les actes de l'autorité « suprême; ceux qui discréditent la monarchie par la « critique du pouvoir et le défaut de confiance. » Là, le monarque est infaillible; et, pour preuve, il envoie le cordon à celui qui est assez téméraire que d'en douter.

Mais, dans le gouvernement constitutionnel, je ne pense pas que le Roi soit plus infaillible que le pape. Si le Roi était infaillible, comme il est inviolable, la Charte n'eût pas été muette sur cette attribution de la majesté royale. De cette prétendue infaillibilité il s'ensuivrait qu'il pourrait gouverner, ou selon la Charte, ou contre la Charte, sans jamais se tromper, et alors pourquoi aurait-il juré le maintien de cette Charte constitutionnelle? S'il était infaillible, pourquoi nous aurait-il accordé la responsabilité ministérielle qui suppose un peu plus que l'erreur dans l'ordonnance royale contre-signée du ministre? M. le substitut a confondu ici l'infaillibilité avec l'inviolabilité qui n'est précisément déclarée que parce que la loi n'est pas infaillible.

Comme « les citoyens, en se soumettant au gou-« vernement monarchique, sont censés avoir réuni « toutes leurs volontés particulières dans la personne « de leur souverain, pour l'exécution des pouvoirs à lui « délégués par les lois ou les constitutions du pays, » de même le Roi s'est engagé à régner d'après l'exécution des pouvoirs à lui délégués par les lois et les constitutions du pays; l'engagement est donc synallagmatique. Mais que sera-ce, si le souverain a spécialement confié à tous les citoyens le dépôt de la loi fondamentale? (*Ordonnance du* 13 *mars* 1815.) Faudra-t-il que le fidèle dépositaire s'impose silence, quand il se verra enlever ce dépôt précieux, et qu'il se rende indigne de la noble confiance dont le Roi l'avait honoré? Faudra-t-il que, placé entre des lois et des ordonnances contraires, il soit accusé de manquer de respect à celles qui le dépouillent, quand il invoquera celles qui le comblent de bienfaits de la munificence royale, plus malheureux en cela que le sujet d'un gouvernement despotique, pour lequel la promesse de son maître ne devient pas un piége, parce que son maître ne lui fait point de promesse?

En accordant aux Français le droit de publier et de faire imprimer leurs opinions, l'article 8 de la

Charte ne réserve pas les matières politiques et administratives comme pour les dérober à la profanation des particuliers. Il n'entendait point condamner le Français à la frivolité, l'auguste auteur de la Charte qui, en la lui présentant, lui disait qu'il avait pris toutes les précautions pour que cette Charte fût digne de lui et du *peuple auquel il est fier de commander.* La tyrannie ne veut régner que sur l'ignorance; la monarchie tempérée est forte de l'instruction du peuple; l'obéissance aveugle n'a d'autre base que la stupidité; l'obéissance raisonnée est inspirée par l'amour et la reconnaissance. Ce n'est pas en France qu'il faut craindre que l'habitude de discuter les actes et les volontés du gouvernement ne fasse d'un peuple de héros et de sujets fidèles qu'un *ramas de rhéteurs pointilleux*, *qu'une tourbe de séditieux*, etc.; « quand bien même on ne servira pas le souverain avec *une foi naïve*, *pure*, on le servira toujours avec ce dévouement fertile en miracles et avec ce zèle brûlant qui anima si long-temps nos devanciers. » Avec la doctrine de M. le substitut, où se formera-t-on pour le cabinet du Prince, pour la tribune nationale, et même pour le parquet qui a quelquefois à discuter les questions relatives aux libertés publiques et particulières consacrées par la Charte?

1° C'est donc confondre le gouvernement constitutionnel avec le gouvernement absolu que de vouloir interdire aux citoyens la discussion des affaires publiques; et il ne faut pas moins que le caractère du magistrat et la pureté de ses intentions pour que l'on ne se permette pas de rétorquer contre sa doctrine le reproche de sédition, quand on entend un langage aussi ouvertement contraire à celui de la Charte constitutionnelle.

2° « On est séditieux encore, dit le même magistrat, lorsque l'on attaque le ministère ou l'un des ministres individuellement, à l'égard de ces actes suprêmes qui, revêtus de la sanction royale, sont confiés pour leur exécution au ministre qui, dans ce cas, semble le délégué spécial de l'autorité souveraine. » Cette opinion est déjà réfutée.

Mais, avec cette doctrine, que devient la responsabilité ministérielle? Le Roi donne à un ministre un ordre contraire à la Charte, on le suppose; le ministre l'exécute; le Roi est inviolable, mais le ministre doit être mis en accusation. Et M. le substitut veut au contraire frapper le citoyen qui ose se plaindre de ce qu'il est dépouillé de ses droits par le ministre qui, dans l'hypothèse, exécute un acte suprême revêtu de la sanction royale. Le projet de loi sur la responsabilité ministérielle, présenté à la chambre des députés, établit que le Roi ne peut jamais enlever un ministre aux poursuites dirigées contre lui; c'est pourtant ce qui arriverait, s'il suffisait à un ministre d'être l'exécuteur d'un acte revêtu de la sanction royale, pour pouvoir étouffer la plainte de tout citoyen lésé, pour le faire même condamner de s'être plaint de l'arbitraire. En admettant cette base, je défie qu'on trouve jamais une seule circonstance où l'on puisse rendre un ministre responsable.

3° « Le citoyen qui gémira sur le sort de la patrie expirant par la violation de la liberté publique et particulière, est encore coupable; la larme qui tombe de sa paupière humide compromet la sûreté publique : laissons toujours parler ce magistrat lui-même.

« Les dispositions répressives des nouvelles alarmantes, quoique renfermées dans la loi précaire du 9 octobre, sont dignes d'être burinées sur les tables des lois les plus sages.... Considérées sous le point de vue politique, les nouvelles propres à faire croire au triomphe prochain des principes révolutionnaires, à la chute de la monarchie et à l'anéantissement de nos institutions actuelles, peuvent d'ailleurs produire les résultats les plus désastreux. La crainte d'un mal imaginaire est un mal réel. De pareilles nouvelles peuvent décourager les bons, intimider les faibles, donner aux ambitieux l'idée d'une astucieuse prévoyance qui tourne au détriment de la chose publique, enhardir les séditieux et leur faire concevoir des espérances audacieuses.

« Ce cri de *sauve qui peut*, jeté dans la société, y répand l'épouvante et la consternation. Dans l'attente d'une crise générale, les esprits fermentent ou se tiennent dans une sorte de stupeur ; le commerce craint de donner l'essor à ses conceptions hardies ; les ateliers de l'industrie sont déserts ; les autorités tremblantes craignent de trop oser en remplissant leur devoir, etc. »

Ce tableau ne peindrait-il pas avec plus de vérité les effets désastreux des lois d'exception ? Les lois d'exception ont produit, non pas *la crainte d'un mal imaginaire*, mais un mal réel incalculable ; et l'on ne pourra s'en plaindre, et l'on ne pourra présager les malheurs qui en sont inséparables, sans devenir coupable! et l'on sera plus innocent d'avoir violé la Charte que de l'invoquer!

Ah! je sens le besoin de reposer l'ame fatiguée du lecteur sur des principes plus consolans : opposons à M. le substitut un noble pair. Voici comme s'exprimait M. le comte Molé, à la chambre des pairs, le 28 février 1818 :

« Nous ne connaissons qu'un seul intérêt, celui de la société, celui de tous; ce n'est point à cause des Rois, mais pour les peuples que la royauté existe; ce n'est point pour les Rois, mais pour les peuples qu'il faut que l'autorité royale, et ce qu'on appelle si improprement *la prérogative*, soit forte..... Les gouvernemens constitutionnels n'ont été inventés que pour substituer partout le droit à l'arbitraire, la loi aux hommes, la justice à la volonté. »

Propageons ce langage constitutionnel d'un des orateurs du gouvernement, à la chambre des pairs, le 28 février dernier, M. Siméon, conseiller d'état.

« Si le réglement que les ordonnances contiendraient « sur une chose importante, devait avoir une exécu« tion plus assurée en le portant dans une loi, pour« quoi le Roi n'aurait-il pas la faculté, je dirais pres« que le devoir, car il met au rang de ses devoirs ce « qui est meilleur et plus utile, de préférer une loi.... « Les limites des lois sont uniquement dans leur oppo« sition avec des lois supérieures, telles que les lois « divines et naturelles et les lois fondamentales de la « monarchie..... Parce qu'en accordant aux chambres « une part dans le pouvoir législatif, il s'est réservé de « faire des réglemens pour l'exécution des lois, on

« imagine qu'il est devenu de sa dignité d'être avare « de lois, de craindre qu'il ne se mette trop dans leur « dépendance; et l'on aime mieux qu'il reste, même « malgré lui, abandonné à la dépendance de l'arbi- « traire, de la faveur, des surprises auxquelles sa « sagesse lui suggère de se soustraire; on ne veut pas « voir que, s'il se soumet à la loi, il se soumet à sa « volonté. L'observance des lois est de la part des sujets « un acte d'obéissance envers l'autorité; elle est, de la « part du souverain, un hommage rendu à sa propre « justice, etc. »

Le Roi n'est donc pas infaillible, puisqu'il a à craindre *des surprises auxquelles sa sagesse lui suggère de se soustraire;* il est donc de l'intérêt des gouvernés d'avertir le Roi des surprises qui auraient pu avoir été faites à sa religion; il est même du devoir de tout citoyen de démontrer ce que les actes de l'autorité suprême ont de contraire à la politique et à la morale, *puisque le Roi met au rang de ses devoirs ce qui est meilleur et plus utile;* cette démonstration ne peut se faire sans déplorer les maux qui affligent la patrie; et si *le dernier cri de la patrie expirante* devient un délit, comme le prétend M. le substitut du procureur du Roi, il faudra conclure en sens inverse de la saine doctrine ci-dessus exposée, et dire : « Les gouvernemens cons- « titutionnels n'ont été inventés que pour substituer « partout l'arbitraire au droit, les hommes à la loi, la « volonté à la justice. »

Il faudra encore proclamer en principe : « C'est à « cause des Rois, et non pour les peuples que la « royauté existe : c'est pour les Rois et non pour les « peuples qu'il faut que l'autorité royale soit forte; il

« n'y a qu'un seul intérêt, celui des Rois, et non celui « de la société. »

Il est temps enfin que l'autorité incline ses faisceaux devant la Charte, qu'elle n'attribue au Roi que ce qu'il s'est réservé par la Charte, qu'elle rende à tous ses sujets tout ce qu'il leur a concédé par la Charte, et que la *tolérance politique* devienne la vertu de ce règne, après une persécution de plus d'un quart de siècle. Heureuse époque où il est permis de penser ce qu'on veut, et de dire ce qu'on pense ! *Rara temporum felicitas ubi sentire quœ velis et quœ sentias dicere liceat.* TACITE. Lorsque Rousseau, sous les Bourbons, écrivait *sur la souveraineté du peuple*, il ne fut pas accusé d'avoir voulu détrôner son Roi, et substituer la république à la monarchie ; aujourd'hui il serait condamné comme un factieux qui aurait manqué de respect *à la légitimité.* Cette manière de procéder ne fait que continuer la révolution, et affaiblit le trône en donnant à tout un caractère d'incertitude et d'arbitraire. Le gouvernement veut-il être aussi fort que celui sous lequel vivait Rousseau, qu'il cesse de comprimer la pensée ; il connaîtra alors la force de l'opinion publique, le vœu de la nation. Si un écrivain effréné laisse échapper quelque expression qui ne paraîtra séditieuse que dans la circonstance, ne verra-t-on pas les écrivains, amis de l'ordre, s'empresser de le réfuter ? Ne suffit-il pas d'ailleurs que l'autorité veille pour prévenir et empêcher toute entreprise téméraire contre l'ordre public ?

Ne perdons jamais de vue que le balancement des trois pouvoirs constitue le gouvernement représentatif ; que le moindre empiétement de l'un de ces trois pouvoirs compromet la chose publique, que tout citoyen a intérêt et par conséquent le droit de signaler les écarts de la ligne constitutionnelle; et que, ce qui n'est pas un problème ailleurs, doit l'être moins en France, où le Roi a placé la Charte en dépôt sous la sauvegarde de tous les Français.

LE DERNIER CRI

D'UN

DÉPOSITAIRE DE LA CHARTÉ,

OU

COUP D'OEIL RAPIDE

SUR L'ÉTAT ACTUEL DES LIBERTÉS NATIONALES.

TITRE Ier.

PRÉLIMINAIRES.

CHAPITRE PREMIER.

De la Charte constitutionnelle.

En se chargeant du gouvernement provisoire du royaume, le Lieutenant Général promit, le 14 avril 1814, au Sénat et au Corps législatif que *la liberté publique et individuelle serait assurée.*

Dans la déclaration du Roi, du 2 mai suivant, on lit aussi que *la liberté publique et particulière serait assurée.*

Le Roi avait reconnu la nécessité d'une loi fondamentale : « Une Charte constitution-« nelle, est-il dit dans l'ordonnance de ré-« formation qui la précède, était sollicitée « par l'état actuel du royaume ; nous l'avons « promise et nous la publions... Nous avons « reconnu que le vœu de nos sujets pour « une Charte constitutionnelle, était l'ex-« pression d'un besoin réel ; mais, en cédant « à ce vœu, nous avons pris toutes les pré-« cautions pour que cette Charte fût digne « de nous et du peuple auquel nous sommes « fiers de commander. » Aussi le Roi travaillait pour les siècles ; car il déclare, dans la même ordonnance, que, « lorsque la sa-« gesse des Rois s'accorde librement avec le « vœu des peuples, une Charte constitution-« nelle peut être de longue durée. »

Cette loi fondamentale fut donnée à la nation le 4 juin 1814, et le Roi s'empressa d'en assurer le maintien par la garantie du serment. « Sûr de nos intentions, fort de « notre conscience, nous nous engageons, « devant l'assemblée qui nous écoute, à être

« fidèle à cette Charte constitutionnelle,
« nous réservant d'en jurer le maintien avec
« une nouvelle solennité devant les autels de
« celui qui pèse dans la même balance les
« rois et les nations. »

Le serment des chambres suivit le serment de Sa Majesté : la nation ne tarda pas à recevoir d'autres garanties de la durée de cette loi suprême dans plusieurs ordonnances royales.

Du 9 *mars* 1815. « Comme c'est principa-
« lement par l'union que les peuples résistent
« à la tyrannie, c'est surtout dans les gardes
« nationales qu'il importe de conserver et de
« resserrer les nœuds d'une confiance mu-
« tuelle, en prenant un seul et même point
« de ralliement. Nous l'avons trouvé dans la
« Charte constitutionnelle que nous avons
« promis d'observer et de faire observer à
« jamais; qui est notre ouvrage libre et per-
« sonnel, le résultat de notre expérience,
« et le lien commun que nous avons voulu
« donner aux intérêts et aux opinions qui
« ont si long-temps divisé la France.

« A ces causes, mettant notre confiance
« entière dans la Charte constitutionnelle,
« dans les chambres qui sont, avec nous,

« gardiennes de la Charte, et qui nous envi-
« ronnent, etc. :

Art. 9. « Nous voulons que la Charte cons-
« titutionnelle soit le point de ralliement et
« le signe d'alliance de tous les Français.

« Nous regarderons comme nous étant
« seuls véritablement affectionnés ceux qui
« défèreront à cette injonction.

« Nous envisagerons comme un attentat à
« notre autorité, et comme un moyen de
« favoriser la rébellion, toute entreprise
« directe ou indirecte par actions, écrits ou
« propos publics, qui tendraient à ébranler la
« confiance des gardes nationales à la Charte
« constitutionnelle, etc. »

Du 13 *mars* 1815. « Voulant donner à
« l'armée française une marque de notre sa-
« tisfaction, et à nos fidèles sujets une nou-
« velle garantie de tous leurs droits politiques
« et civils, fondés sur la Charte constitution-
« nelle :

Art. 4. « Le dépôt de la Charte constitu-
« tionnelle et de la liberté publique est confié
« à la fidélité et au courage de l'armée, des
« gardes nationales et de tous les citoyens. »

Dans la séance royale du 16 mars 1815, le
Roi jura de nouveau de la maintenir : « Celui

« qui vient allumer parmi nous les torches « de la guerre civile, dit Sa Majesté, vient « détruire cette Charte constitutionnelle que « je vous ai donnée; cette Charte, mon plus « beau titre aux yeux de la postérité; cette « Charte que tous les Français chérissent et « que je jure ici de maintenir. »

Il ne suffit pas à notre auguste législateur de nous assurer le régime de la Charte, il veut que son œuvre soit perfectionnée avant de la léguer à la postérité. Malgré les précautions qu'il avait prises *pour qu'elle fût digne de lui et du peuple auquel il est fier de commander*, elle ne répond point encore à ses sollicitudes pour le bonheur de la nation.

Du 28 *juin* 1815, proclamation de Cambrai: « Je prétends ajouter à cette Charte « toutes les garanties qui peuvent en assurer « le bienfait. » Et *je n'ai jamais rien promis en vain*, ajoute ce bon Roi dans sa déclaration de Cambrai.

Du 13 *juillet* 1815. « Notre projet était de « modifier, conformément à la leçon de « l'expérience, et au vœu bien connu de la « nation, plusieurs articles de la Charte tou- « chant les conditions d'éligibilité, le nombre « des députés, et quelques autres dispositions

« relatives à la formation de la chambre, à « l'initiative des lois et au mode de ses déli- « bérations.

« Mais voulant cependant que, dans au- « cun cas, aucune modification dans la « Charte ne puisse devenir définitive que « d'après les formes constitutionnelles, les « dispositions de la présente ordonnance « seront le premier objet des délibérations « des chambres. »

Art. 14. « Les articles 16, 25, 35, 36, « 37, 38, 39, 40, 41, 42, 43, 44, 45 et « 46 de la Charte seront soumis à la révision « du pouvoir législatif dans la prochaine « session des chambres. »

Discours d'ouverture de la session de 1816.

« Attachés par notre conduite, comme nous « le sommes de cœur, aux divins préceptes « de la religion, soyons-le aussi à cette « Charte qui, sans toucher aux dogmes, « assure à la foi de nos pères la prééminence « qui lui est due, et qui, dans l'ordre civil, « garantit à tous une sage liberté, et à chacun « la paisible jouissance de ses droits, de son « état, de ses biens.

« Je ne souffrirai jamais qu'il soit porté « atteinte à cette loi fondamentale. »

Parmi les divers discours prononcés sur le bienfait de l'octroi de la Charte, et sur l'impossibilité d'en priver le peuple français, nous citerons celui de ce publiciste qui se rabat toujours sur la première présidence de la cour des Comptes (1), toutes les fois qu'il perd un ministère.

« Le Roi sait qu'on ne règne sur des « hommes libres et courageux que par la « bonté et la justice : ce sont ces hautes « vertus qui ont dicté la Charte qu'il nous a « donnée, et ce bienfait seul est plus grand « que tous les bienfaits réunis de ses augustes « devanciers (2). Elle est son ouvrage ; elle « tient le premier rang parmi ces Chartes « dont le dépôt est, à juste titre, appelé « *trésor*. Elle est devenue un contrat solennel « depuis que nous en avons juré l'observa- « tion. Elle appartient maintenant au peuple « français qui la chérit. Aucune puissance « au monde ne parviendrait à l'en priver. »

Et si jamais cette violente privation pouvait

---

(1) M. le comte de Barbé-Marbois.

(2) « La Charte a déclaré des droits qui existaient « avant elle, qui n'en dépendent pas, et qui sont au- « dessus d'elle, puisqu'ils lui sont antérieurs. *Le comte « de Cazes à la chambre des députés, le* 5 *février* 1817.

avoir lieu, le ministre de la police générale nous a prédit, dans son discours à la chambre des députés, en décembre 1817, tous les maux qui suivraient à l'instant cette fatale spoliation. « C'est en effet la balance de l'aris-« tocratie, de la monarchie et de la démo-« cratie qui forme le gouvernement consti-« tutionnel ; mais si vous détruisez cette « balance, si vous élevez un pouvoir aux « dépens de l'autre, vous rentrez dans les « révolutions et dans le chaos. »

Examinons les garanties *de la liberté publique et de la liberté individuelle.*

La Charte constitutionnelle posa pour bases de la *liberté publique :*

Le gouvernement représentatif,

Le consentement de l'impôt,

Le consentement de l'armée,

L'indépendance judiciaire,

Et la responsabilité ministérielle.

Elle reconnut comme autant d'élémens de la *liberté individuelle :*

L'égalité des Français devant la loi,

La contribution de chacun dans la proportion de sa fortune,

L'égale admissibilité des Français aux emplois civils et militaires,

La garantie de la liberté personnelle,

La liberté des cultes,

Le droit de publier ses opinions,

L'inviolabilité de la propriété,

L'oubli des opinions et des votes jusqu'à la restauration,

La liberté des enfans,

Et le droit de pétition.

Malgré la distribution de tous ces élémens de liberté en liberté publique et particulière, la plupart des libertés particulières peuvent être considérées comme libertés nationales, soit à cause de leur importance, telles que la *liberté des cultes*, la *liberté de la presse*, le *droit de pétition*, etc., soit que la violation de ces droits dans un citoyen soit un outrage contre la cité entière.

Nous exposerons, dans les deux titres suivans, l'état actuel de ces franchises nationales et particulières.

Nous examinerons même, et toujours de la manière la plus rapide, s'il ne conviendrait pas, lors de la révision de la Charte, de les fortifier d'autres mesures tutélaires propres à transmettre aux siècles le pacte social, le *signe d'alliance de tous les Français*.

CHAPITRE II.

Des Lois organiques.

Les lois organiques devaient suivre immédiatement l'émission de la Charte constitutionnelle. Comme un corps sans organes est inerte, et, pour ainsi dire, sans vie, de même une constitution politique ne peut être mise en exercice que par ces lois principales qui sont le développement de ses principes régénérateurs. Jusqu'à la confection des lois organiques, l'octroi d'une constitution n'est qu'une illusion plus déplorable encore que l'absence de toute loi fondamentale, parce que le peuple, comme Tantale, se trouve en même temps au milieu des trésors et des privations.

Voici cependant la cinquième année, depuis l'octroi de la Charte, que l'on est encore à attendre des lois organiques sur *la liberté de la presse, sur le mode de recrutement de l'armée de terre et de mer, sur la responsabilité des ministres, sur les crimes de haute trahison, sur l'organisation de la chambre des pairs en cour judiciaire, sur le droit de pétition*, etc.

La nation aurait dû obtenir jusqu'à ce jour ces lois organiques sans lesquelles elle ne peut avoir la pleine jouissance de la Charte; il est urgent que ces lois soient faites, puisque Sa Majesté avait reconnu que le vœu de ses sujets, pour une Charte constitutionnelle, était *l'expression d'un besoin réel*.

Si l'ordonnance du 13 juillet 1815, qui soumettait à la révision du corps législatif, entre autres articles, l'article 16 de la Charte sur l'initiative des lois, n'avait pas été retirée, les chambres partageant l'initiative, non-seulement sans danger, mais d'une manière également vivifiante pour le trône et pour la nation, auraient présenté jusqu'à ce jour ces lois qui doivent compléter la loi fondamentale.

On vient de voir que, malgré la concession d'une Charte libérale, il est un moyen négatif de retenir une nation dans l'asservissement: c'est de ne pas lui accorder les lois organiques qui seules peuvent faire commencer pour elle l'époque de son bonheur.

On verra dans le chapitre suivant par quels moyens on peut la dépouiller périodiquement et constamment de toutes ses franchises, tout en lui protestant qu'elle en jouit, tout en déclarant qu'*aucune puissance ne parviendrait à l'en priver.*

CHAPITRE III.

Des Lois d'exception.

On ne peut déroger à la loi fondamentale par *des lois d'exception ;* les lois particulières doivent toujours être basées sur la loi fondamentale. Si l'on pouvait suspendre, par des lois d'exception, la loi fondamentale, ce sont les lois d'exception qui deviendraient la Charte constitutionnelle.

« Il y a des droits légitimes qui préexistent « à toutes les lois, et qui ne peuvent être « suspendus, disait lord Holland, dans la « chambre des pairs ; le peuple a le même « droit à la liberté individuelle que le Roi à « sa couronne, ou la chambre des pairs à « l'exercice de son pouvoir législatif. Donc,

« la liberté individuelle ne peut être suspen-
« due par une loi, puisqu'elle est au-dessus
« des lois. »

Malgré l'exemple de la dictature à Rome, et celui de la suspension de l'*Habeas Corpus* en Angleterre, il ne peut y avoir en France une seule circonstance où il puisse être nécessaire, où il puisse être permis de suspendre l'empire de la Charte. On sait nous répéter que nous ne sommes pas Romains, que nous ne sommes pas Anglais, et néanmoins on a la manie d'aller fouiller dans les annales de ces peuples pour autoriser l'arbitraire.

La plus longue suspension de la Charte, si elle pouvait être un instant légitimée, serait d'un jour ou d'une heure ; un parti menace la liberté publique, il triomphe ou il est vaincu ; s'il triomphe, il se joue de la suspension de la loi fondamentale, c'est lui qui impose la loi ; s'il est vaincu, il n'y a plus de danger, la Charte n'est plus menacée, il faut que la justice et les lois reprennent leur cours. Cette hypothèse achève de démontrer l'inutilité comme l'illégitimité de la suspension de la Charte constitutionnelle.

On appelait autrefois *coup d'état* les mesures arbitraires par lesquelles un gouvernement s'éloignait de la sainteté des lois et communiquait à ses actes une empreinte de violence qui en burinait l'illégitimité ; mais on observa de tous les temps qu'ainsi que les remèdes violens épuisent le corps physique, de même les coups d'état minèrent toujours, ravagèrent, ébranlèrent le corps politique.

Sous Napoléon, les coups d'état furent perfidement couverts du manteau de la loi ; et des sénatus-consultes organiques désorganisèrent la constitution et la démontèrent article par article. Le pouvoir conservateur ne conserva rien, et il fut même l'instrument de toute destruction.

Si, depuis l'assemblée constituante, on faisait le relevé de tous les coups d'état, on trouverait que ce n'était que les efforts d'un parti pour renverser un autre parti, et que toujours la liberté publique fut ébranlée par ces commotions.

Le ministère, à son tour, gouverne le royaume par des coups d'état qu'il qualifie de *lois d'exception*. Et quelle époque fut plus heureuse pour l'exécution fidèle de la Charte que celle où l'on sortait d'un long esclavage, sillonné par les violations de toutes les constitutions précédentes, et dont la durée se calculait par les parjures des gouvernemens antérieurs !

Les effets désastreux des lois d'exception sont, comme par le passé, la profanation de la sainteté des sermens, la calomnie de la munificence royale qui avait fait à la nation de généreuses concessions, et qui lui en promettait de plus généreuses encore; la constitution des chambres en état de complicité par la violation du pacte social; l'empreinte de l'incertitude et de la mauvaise foi données au gouvernement qui aurait été fort de la simple exécution de ses engagemens solennellement répétés; le découragement, le tourment, la destruction du corps de la nation, consistant moins dans le territoire que dans les institutions qui en font un tout réuni, serré et invincible, parce qu'alors elle a un puissant intérêt à la défense des libertés dont la conservation pourrait lui être refusée par le vainqueur; la représentation enfin aux yeux des étrangers du peuple français comme inquiet, impatient, turbulent, volcanisé, toujours prêt à secouer le joug de l'autorité légitime, et ayant constamment besoin d'une tutelle rigoureuse, comme les insensés, de mesures coercitives, d'un châtiment dur, qui coûte tant au cœur d'un père de famille. Que répond ce bon peuple à toutes ces calomnies? Il se résigne, il porte le joug au dedans et au dehors, il s'impose les sacrifices les plus amers, il se saigne par toutes ses veines pour payer le tribut, il souffre tout, il gémit et garde le silence. Interprète de sa désolation, je ne ferai entendre qu'une plainte, c'est que la permanence des lois d'exception représente cette nation généreuse, et essentiellement aimante, comme repoussant les Bourbons qu'elle accueillit avec l'ivresse de l'enthousiasme; cette nation pour laquelle l'amour de son Roi fut le premier de ses dogmes politiques, et qui lui témoigna toutes les sollicitudes de son long veuvage en lui donnant le surnom de *Désiré*. Accuser la nation de repousser les Bourbons, c'est accuser les Bourbons de ne pas avoir le vœu de la nation; les chambres, interprètes de ce bon peuple, l'ont mille fois justifié par leur dévouement le plus absolu au trône.

Si la Charte eût été exécutée et complétée d'après la promesse royale, le commencement du règne eût été l'enfance d'Hercule qui, de ses mains enfantines, écrasait des serpens au berceau. Le gouvernement, fortifié par un exercice franc et loyal de quatre ans, jouirait d'une confiance sans bornes, d'un crédit illimité, et d'une vigueur qui annoncerait une jeunesse robuste.

Le temps que l'on met à faire des lois d'exception qui ne peuvent être que de courte durée, quoique déjà elles paraissent éternelles, aurait été mieux employé à faire les lois organiques qui doivent durer autant que la Charte.

Mieux aurait valu une dictature de quelque temps qui n'eût point constamment mis le gouvernement en état de parjure, et pendant lequel on eût tout réglé pour ne point ensuite manquer à ses engagemens. La constitution promulguée ne doit jamais être violée par le gouvernement; en suspendre l'exercice, c'est ouvrir la porte à la tyrannie, et par contre-coup à l'anarchie. Une constitution doit contenir tous les moyens de salut; elle doit être le *palladium* de la liberté publique et particulière : une constitution annonce la fin d'une révolution, les lois d'exception ne font que la continuer.

Encore y a-t-il des articles de la Charte ouvertement transgressés, sans qu'on se soit autorisé de lois d'exception ; et violation pour violation, je crois que celles qui sont pratiquées à force ouverte tirent moins à conséquence que celles qui sont revêtues de formes légales ; soit parce que le caractère saint de la loi n'est point prostitué pour légitimer l'arbitraire, soit que la responsabilité est plus apparente.

Et par qui sont provoquées ces lois d'exception qui mettent la Charte en lambeaux? par ceux qui accusent sans cesse les autres de ne pas la vouloir ; par ceux qui disent qu'*aucune puissance au monde ne parviendrait à en priver le peuple français ;* par ceux qui nous disent qu'*en détruisant la balance des pouvoirs, et en élevant un pouvoir aux dépens de l'autre, on rentre dans les révolutions et dans le chaos*. Encore, lorsqu'on nous enlevait les principales franchises, nous soutenait-on que nous jouissions de la Charte : ainsi ses infracteurs crient *vive la Charte !* comme à une autre époque on remplissait les prisons en criant *vive la liberté !* comme on couvrait la France d'échafauds en criant *vive l'humanité !*

Si on se plaint de ces violations, ces transgresseurs vous répondent avec audace : *La*

Charte n'est pas violée ; les exceptions confirment la règle générale. Quel empirisme ! On sait qu'une exception confirme la règle générale ; mais comment prétend-on faire ici l'application de cette maxime ? avons-nous et n'avons-nous pas en même temps les libertés que la Charte nous assure et que les lois d'exception nous enlèvent ? Quelle est ici, dans le sens des dictateurs, la règle générale ? la Charte. Une loi d'exception prouve à la vérité que nous avons une Charte, mais elle prouve en même temps que nous cessons d'avoir la liberté que la loi d'exception anéantit.

Le ministre de la police générale disait naguère, à la chambre des pairs : « Le noble « pair et ses amis parlent sans cesse de l'ar-« bitraire du gouvernement, et sont heu-« reusement réduits à l'impossibilité de citer « un seul fait à l'appui de leurs accusations. « Où est-il donc, cet arbitraire ? Quel est le « sujet du Roi qui a eu à souffrir dans sa « personne ou dans ses propriétés, dans ses « droits politiques et civils que lui garantit « la Charte, d'un acte vexatoire et illégal « de la part du gouvernement ? » Le 5 février il disait, dans la chambre des députés :

« Toutes les fois qu'il s'agit de la Charte, « nous nous trouvons sur notre terrain, sur « un terrain dont, dans aucune circons- « tance, nous ne nous sommes écartés. »

Il est vrai que le même ministre disait, dans la même chambre : « Quand nous de- « mandions des moyens de force pour « maintenir la sûreté et la dignité du trône, « on disait que *nous violions la Charte.* »

Le ministre de l'intérieur disait aussi la veille, dans la même chambre : « Le peuple « a plus qu'adopté la Charte, le peuple la « réclame sans cesse... Ce bienfait du Roi est « devenu le patrimoine de la France ; et ce « que nous devons avoir le plus à cœur, « c'est de le léguer à la postérité. »

Puisque, d'après le ministre de l'intérieur, le peuple *réclame sans cesse la Charte*, elle lui a donc été enlevée ; et alors ce que nous devons le plus avoir à cœur, c'est moins de la léguer à la postérité que d'en faire jouir les contemporains ; ou plutôt la jouissance des contemporains la naturalisera déjà avec la postérité.

La Charte ne peut exister sans les lois organiques, ni avec les lois d'exception; les lois organiques sont nécessaires pour lui donner la vie, les lois d'exception la tuent. Par les lois organiques nous pouvons réaliser le grand bienfait de Sa Majesté; par les lois d'exception nous en sommes dépouillés.

La spoliation ne peut durer plus long-temps, puisque le Roi n'avait accordé la Charte qu'*au besoin réel* de ses sujets : *ordonnance du* 4 *juin* 1814; puisque l'intention du Roi, en nous la donnant, était qu'elle fût de *longue durée : même ordonnance;* que le Roi et les chambres en jurèrent le maintien, puisque le Roi voulut qu'elle fût *le point de ralliement et le signe d'alliance de tous les Français : ordonnance du* 9 *mars* 1815; qu'il déclara *attentat et rébellion toute entreprise directe ou indirecte à la Charte constitutionnelle : même ordonnance;* qu'il en confia *le dépôt à la fidélité et au courage de l'armée, des gardes nationales et de tous les citoyens : ordonnance du* 12 *mars* 1815; qu'il la déclara *son plus beau titre aux yeux de la postérité : séance royale du* 16 *mars* 1815; qu'il déclara enfin qu'*il ne souffrirait jamais qu'il fût porté atteinte à cette loi fondamentale : ouverture de la session de* 1816.

Les lois d'exception ne peuvent plus long-temps prévaloir contre la Charte, pas plus que les portes de l'enfer ne pourront prévaloir contre la divine religion; la parole du Roi, *qu'il n'a jamais rien promis en vain, déclaration de Cambrai*, nous est un gage sûr de notre prochaine réhabilitation dans des droits dont nous n'avons jamais mérité la suspension.

CHAPITRE IV.

Des Lois et Ordonnances royales.

Les décrets impériaux avaient envahi le domaine de la loi ; de même le ministère établit, par des ordonnances royales, la plupart du temps, ce qui ne doit être réglé que par des lois. « Depuis la restauration, disait le « ministre de l'intérieur, le 4 février, à la « chambre des députés, beaucoup de cir- « constances ont excité à multiplier les or- « donnances ; et quelque délicat que puisse « être cet aveu pour un ministre, je suis « obligé de dire que la compensation de la

« multitude de ces ordonnances nous fait « désirer la stabilité qui peut seule résulter « d'une loi. » Cela étonne peu, l'autorité cherche toujours à s'étendre; mais ce qui est incompréhensible, c'est que les chambres qui partagent le pouvoir législatif laissent entendre, par la bouche de quelque-uns de leurs membres, qu'elles ne sont appelées qu'à faire la loi du budget, que c'est au Roi à régler tout le reste par des ordonnances.

La limite de la loi, comme celle de l'ordonnance, est posée dans la Charte de la manière la plus précise.

C'est comme puissance exécutive que le Roi rend des ordonnances; et, d'après l'article 14, il fait les règlemens et ordonnances nécessaires pour *l'exécution des lois* et la sûreté de l'État.

Le domaine de la loi s'étend donc à toute espèce de matières, puisque l'ordonnance ne peut avoir pour objet que l'exécution de la loi.

Je crois surtout qu'il conviendrait qu'il n'y eût ni pension, ni traitement, ni aucun article de dépense autorisé autrement que par une loi, et jamais par ordonnance; parce que ces lois établiraient le contrôle du budget, et que l'ordre dans les finances est le principe de la conservation des États.

On voit qu'une ordonnance ne peut pas déroger à une loi, puisqu'elle n'est faite, au contraire, que pour l'exécution de la loi. Si on dérogeait par une ordonnance à une loi, ou si le Roi réglait, par des ordonnances, des matières qui sont du ressort de la législation, il arriverait que la puissance exécutive serait plus puissante que le pouvoir législatif, ce qui implique, puisque, comme puissance exécutive, le Roi seul fait une ordonnance, et que, comme puissance législative, il a besoin du concours des chambres.

« Les lois, dit Siméon à la chambre des « députés, sont un acte de la volonté du « Roi, elles n'en émanent pas moins que les « ordonnances; elles en sont l'expression la « plus réfléchie, la plus certaine, la plus au- « thentique. Je vois des bornes à ce qu'on « appelle le domaine des ordonnances; je « n'en aperçois d'autres que l'injustice au « domaine des lois.

« Les ordonnances ont pour but l'exécu- « tion des lois; ce sont des règlemens d'ad- « ministration publique, elles ne sauraient « suppléer aux lois. Mais les lois peuvent

« pourvoir à tout, parce qu'à la volonté qui « leur donne l'existence et le titre, se joint « l'assentiment des chambres qui représentent « à cet égard les grands et le peuple. *Lex fit* « *voluntate Regis et consensu populi.* C'était « la maxime de la monarchie consignée dans « les capitulaires de Charlemagne, c'est le « principe fondamental de notre Charte. »

« Une loi, a dit M. le baron Pasquier dans « la même chambre, une loi est l'ouvrage « des trois pouvoirs, elle ne peut être ré- « formée que par leur concours; elle offre « donc l'avantage de la stabilité, tandis que « les ordonnances, quoique très-respectables, « sont variables de leur nature... Lors donc « qu'on veut établir une mesure stable, il « faut demander une loi. »

« Loin de craindre les chambres, a dit, à « l'occasion de la loi, M. Royer-Collard, « loin de les éluder, le gouvernement sait « que la force est là. Ce qu'il fera par elles « aura principe de vie; ce qu'il pourrait faire « sans elles languirait. Elles resserrent les « nœuds qui réunissent le Roi et la nation; « elles sont le gage de la sûreté au dedans, « de l'indépendance au dehors; on les trou- « vera toujours françaises, toujours jalouses

« de l'amour du Roi et de l'honneur de la
« patrie. »

Pour moi, je crois nécessaire de les avertir qu'un dévouement outré compromet le sceptre. L'histoire répète déjà qu'en trop accordant à Napoléon, le sénat et le ministère le perdirent, parce qu'ils rompirent l'équilibre des pouvoirs, et qu'il le chargèrent du poids de toute l'autorité ; mais il fut écrasé sous ce fardeau trop lourd, moins heureux qu'Atlas qui portait le ciel sur ses épaules. L'enthousiasme ne doit pas entrer dans le temple des lois : refuser à la couronne ce que la Charte lui refuse, c'est sauver la couronne.

D'autre part, euvahir par des ordonnances le domaine de la loi, c'est empiéter sur le pouvoir législatif, c'est détruire sa propre force et la stabilité des institutions, c'est rompre l'équilibre qui est la sauvegarde du gouvernement représentatif.

CHAPITRE V.

De la Prérogative royale et de la Prérogative nationale.

DANS un gouvernement absolu, l'autorité du monarque réglant tout, il n'y a d'autre prérogative que celle de la couronne.

Dans un gouvernement représentatif, l'autorité législative étant partagée par les pouvoirs monarchique, aristocratique et démocratique, et la nation ayant le trésor de ses libertés, il y a la prérogative nationale comme la prérogative royale.

La collection des attributions du souverain, d'après le pacte social, forme la prérogative royale; la collection des franchises de la nation constitue la prérogative nationale, plus vulgairement appelée *franchises* ou *libertés nationales*.

La prérogative nationale n'est pas moins sacrée que la prérogative royale; attaquer l'une, c'est compromettre l'autre, en dérangeant la balance des pouvoirs. Il n'est pas plus permis de proposer des lois d'exception contre la prérogative nationale que contre la prérogative royale. Les lois d'exception contre la prérogative royale, si les chambres avaient l'initiative, ne seraient que des entreprises téméraires de l'aristocratie ou de la démocratie contre la royauté; comme les entreprises de la royauté, contre la prérogative nationale, ne sont que des actes de tyrannie contre les pouvoirs et les franchises de la nation. Et quand le ministre de la police générale, sollicitant des lois d'exception, demande: *Où donc est l'arbitraire?* on doit lui répondre: « L'arbitraire est dans les lois « d'exception que vous avez provoquées, ob- « tenues, exécutées; l'arbitraire est dans les « lois d'exception que vous sollicitez encore. » Peu importe, pour qu'il y ait arbitraire, qu'il ait été fait un usage peu rigoureux des lois d'exception; il suffit qu'il y ait violation de la Charte.

Lorsque j'entends tous les jours les chambres protester de leur respect pour la prérogative royale, une émotion religieuse me saisit, et je dis: *Les deux pouvoirs représentatifs sont les défenseurs de la couronne.*

Quand les ministres viennent, depuis quatre ans, imposer aux chambres le sacrifice des libertés nationales, et que le sacrifice se consomme malgré la défense éloquente et patriotique d'un certain nombre de membres, je dis : « Les ministres et leurs complices dans « les chambres compromettent le salut de la « nation et celui du trône. »

« Chez un peuple voisin, jaloux de ses « libertés, disait M. de Villefranche dans la « chambre des députés, si un ministre venait « présenter à la chambre des communes une « loi destructive des prérogatives du trône, « elle serait repoussée avec indignation et « rejetée à l'unanimité. » Cela serait de même en France : je n'ai pas d'inquiétude à cet égard; mais je vois avec peine que les défenseurs naturels de la prérogative nationale ne croient pas devoir à sa conservation le même zèle, la même intrépidité. Laissons parler M. Caumartin qui disait à ses honorables collègues : « Vous ne vous occupez que de la « prérogative royale, comme si l'obligation « de défendre vos semblables, dans leurs « personnes comme dans leurs biens, ne « vous était pas plus imposée que celle de « faire valoir les droits d'une prérogative dont

« encore vous vous croyez les seuls inter-
« prètes. »

Le respect pour la prérogative nationale, autant que pour la prérogative royale, aurait repoussé toute loi d'exception, et la nation ne se trouverait pas aujourd'hui dépouillée des concessions que le Roi lui avait faites, après avoir reconnu le *besoin réel* qu'elle en avait.

CHAPITRE VI.

De la Patrie, du Roi et des Chambres.

« La patrie, disait l'abbé Coyer, en 1775,
« est un vaste champ où chacun peut mois-
« sonner selon ses besoins et son travail;
« c'est une terre que tous les habitans sont
« intéressés à conserver, que personne ne
« veut quitter, parce qu'on n'abandonne
« pas son bonheur, et où les étrangers cher-
« chent un asile : c'est une mère qui chérit
« tous ses enfans; qui ne les distingue qu'au-
« tant qu'ils se distinguent eux-mêmes; qui

« veut bien qu'il y ait de l'opulence et de la « médiocrité, mais point de pauvres ; des « puissans et des faibles, mais personne « d'opprimé ; qui, même dans ce partage « inégal, conserve une sorte d'égalité, en « ouvrant à chacun le chemin des premières « places ; qui ne souffre aucuns maux dans sa « famille, que ceux qu'elle ne peut empê-« cher, la maladie et la mort ; qui croirait « n'avoir rien fait, en donnant l'être à ses « enfans, si elle n'y ajoutait le bien-être. »

La patrie est moins le territoire et les habitans que l'ensemble des libertés et des institutions qui attachent les hommes au sol, qui les unissent entre eux, qui leur font chérir le gouvernement qui les rend heureux, et qui les portent à la défense de tous ces avantages.

Le gouvernement qui respecte les libertés nationales est défendu par sa nation : celui qui les trahit détruit la nation et n'est plus défendu par elle, puisqu'elle n'existe plus. Ainsi, Napoléon a été abandonné de la France, parce qu'il avait réduit les Français à l'esclavage ; et les étrangers ne sont entrés en France que parce que les Français n'avaient pas intérêt à défendre un gouvernement tyrannique.

C'est dans ce déplorable état que l'on a réduit de nouveau la France, en la frappant annuellement par des lois d'exception. La France, dépouillée de toutes ses libertés, n'est plus une nation ni au dedans ni au dehors. Que le gouvernement s'empresse de relever la nation, s'il veut appeler des défenseurs sous le drapeau; la patrie n'est un être fantastique que pour les artisans de la tyrannie.

Outre qu'il est puissance exécutive, le Roi partage avec les deux chambres la puissance législative.

Les chambres sont donc des pouvoirs qui partagent avec le Roi le pouvoir législatif, puisqu'elles peuvent adopter ou rejeter une loi.

La chambre des pairs représente les grands du royaume: c'est l'élément aristocratique du gouvernement; la chambre des députés représente le peuple: c'est l'élément démocratique. On vient de voir que le Roi est plus fort par l'assentiment des chambres, que s'il gardait toute l'autorité.

Crier *vive le Roi!* c'est crier *vive la patrie!* disait dernièrement M. le baron de Barente, dans la chambre des pairs. Ce n'est là qu'un mouvement ambitieux pour obtenir un *bravo* et influencer la chambre. Pour que crier *vive le Roi!* soit crier *vive la patrie!* il faut d'abord qu'il y ait une patrie, et ensuite que la patrie et le Roi aient le même intérêt. Or, il n'y a plus de patrie, puisque les lois d'exception ont dépouillé la nation de ses libertés. La nation et le Roi n'ont pas en ce moment le même intérêt, puisque le gouvernement a envahi les libertés nationales. Le ministère a établi un état de contradiction entre la nation et le Roi; la même contrariété existe entre ses paroles et ses actes. Si c'est un bonheur pour moi de crier *vive le Roi!* c'est une nécessité, pour mon ame abattue, de crier aussi *vive la patrie!*

Et lors même que la patrie sera relevée, que la nation sera affranchie de toute tutelle, qu'elle sera heureuse de la pleine jouissance de la Charte et du gouvernement de Sa Majesté, selon la Charte, alors encore la patrie est la mère commune, comme le Roi est le père de ses sujets; alors encore ce doit être un besoin pour tout Français de crier *vive la patrie!* en même temps qu'il crie *vive le Roi!*

CHAPITRE VII.

De l'Opinion, de l'Opposition et du Ministère.

L'OPINION est réellement, comme on l'a dit, *la reine du monde;* c'est elle qui amène les révolutions, renverse les empires et dispose des couronnes. C'est l'opinion et l'opinion seule qui précipita Napoléon du haut de son trône : sans l'indignation que tout Français avait contre sa tyrannie, sans la confiance que la nation avait de retrouver le bonheur dans le gouvernement de ses anciens princes, jamais la France n'eût permis aux étrangers la violation de ses murs, et Napoléon régnerait encore. Tant que l'opinion lui accorda ses faveurs, cet homme, dont l'histoire a l'air d'un conte de fées, se promena de capitale en capitale, et distribua des couronnes; fut-il abandonné de l'opinion, sa capitale lui ferma les portes, et la couronne tomba de dessus sa tête. L'opinion ne se laisse diriger que par ceux qui peuvent consacrer de grands talens au bonheur de leur pays ; elle se joue de ceux qui lui contestent son empire, et leur prouve sa puissance en les jetant du comble de la faveur dans la profondeur de l'humiliation, et les livrant souvent à la vengeance des nations irritées.

Je ne considérerai pas ici l'opposition, telle qu'elle existe constamment dans un état voisin, ni n'examinerai s'il convient qu'il y ait en France un parti de l'opposition ; mais argumentant des *circonstances graves*, dont on argumente sans cesse, je dirai que la patrie est perdue si l'opposition ne grossit à tout instant, et n'oppose au ministère une majorité redoutable. Que le ministre ne puisse plus espérer de faire accepter, par les chambres, des projets de loi qui dépouillent la nation de ses prérogatives ; qu'il ne puisse plus faire *rentrer la France dans les révolutions et dans le chaos, en détruisant la balance des trois pouvoirs*, pour envahir toute l'autorité et se former une dictature, malgré l'octroi royal des franchises nationales ; et qu'il ne puisse plus accompagner son triomphe de la dérision, en demandant : *où donc est l'arbitraire ?* lorsque le droit public de la France n'existe plus que dans la Charte, et que la nation est privée de cette Charte, malgré toutes les répétitions et assurances contraires. Si le ministère, préférant les bénédictions aux malédictions, sa sécurité aux catastrophes d'une nouvelle révolution, renonce à élever un pouvoir aux dépens de l'autre, il pourra, n'eût-il que des talens très-bornés, être le premier artisan de la prospérité publique, en exécutant religieusement les promesses et les intentions paternelles du souverain ; il lui faudra infiniment moins d'efforts pour faire le bien, qu'il ne lui en faut pour faire le mal. L'opposition disparaîtra, l'opinion publique, dont les chambres seront les suprêmes régulatrices, comme elles le sont aujourd'hui malgré une direction contraire des journaux ; l'opinion publique facilitera toutes ses opérations : les chambres s'empresseront d'accueillir et de revêtir de leur acceptation les propositions qui leur seront faites ; l'harmonie régnera entre tous les pouvoirs, parce qu'ils auront le même but, et la division ne sera plus parmi les enfans de la grande famille, parce que la

Charte constitutionnelle, dont la nation aura la jouissance pleine et entière, sera alors réellement, d'après le vœu du Roi, *le point de ralliement et le signe d'alliance de tous les Français.* C'est alors, et seulement alors, que les cris de *vive la patrie!* et *vive le Roi!* pourraient être indistinctement pris l'un pour l'autre : le cri *vive la patrie!* exprimerait le bonheur dont le chef suprême de la nation la ferait jouir, et le cri de *vive le Roi!* serait l'expression de l'amour et de la reconnaissance de son peuple envers le gouvernement paternel de Sa Majesté.

Les ministres sont les premiers agens du pouvoir royal.

Le gouvernement fait-il le bonheur de la nation, tout le bien est l'œuvre du Roi qui est comblé de bénédictions; elles rejaillissent sur le ministère qui a été l'instrument de la félicité publique.

La nation est-elle malheureuse par l'exécution de quelque faux système, par les erreurs de l'administration, par les spoliations de l'autorité, tout le mal est imputé au ministère, qui, abandonné du talent, de la sagesse et de la bonne foi, perd les suffrages de l'opinion, gagne les malédictions du peuple, et se trouve dans l'impossibilité de réaliser les sollicitudes constantes du Roi pour le bonheur de la nation.

Cette distribution de bénédictions au Roi et de malédictions au ministère est le résultat du dogme de l'inviolabilité de la personne sacrée du Roi. Comme la Divinité, impuissant pour faire le mal, il ne peut avoir en vue que le bonheur de son peuple.

Mais cette inviolabilité repose sur la responsabilité ministérielle. Cette maxime ne peut appartenir aux gouvernemens absolus, parce que la seule volonté du monarque fait la loi, et que les ministres de sa volonté ne doivent de compte qu'à lui seul. Il n'en est pas ainsi dans un gouvernement représentatif, où le pouvoir de la nation concourt avec le pouvoir royal pour la confection de la loi; il faut nécessairement une responsabilité. Cette responsabilité ne peut être la dette personnelle du souverain, parce qu'il ne peut vouloir que le bien de son peuple; elle doit donc peser sur les agens de ses volontés toutes les fois qu'ils empêchent la vérité de parvenir jusqu'au pied du trône, qu'ils envahissent l'autorité royale ou qu'ils asservissent la nation : le ministère est donc responsable envers la nation comme envers le monarque.

Il suit de là qu'*attaquer le ministère* n'est pas *attaquer le Roi*; que relever les erreurs, les fautes et les injustices du ministère, n'est pas *manquer de respect au Roi*, parce que le ministère ne partage pas la royauté, et qu'en invoquant la responsabilité du ministère on ne porte pas atteinte à l'inviolabilité de la personne sacrée du Roi, pas plus qu'au respect dû au ministère. Cette maxime despotique, inventée pour empêcher l'examen de l'administration et secouer le joug de la responsablité, n'est pas moins contraire aux intérêts du ministère qu'attentatoire aux droits de la nation, parce qu'elle ne tend qu'à étouffer la vérité et à le priver de renseignemens précieux qui peuvent arrêter sa chute, en changeant sa direction. L'expression de la vérité, quelque dure qu'elle soit, ne peut être un manque de respect pour le ministère; autrement on ne pourrait dire la vérité toute entière, on ne saurait à quelle limite l'on devrait s'arrêter; il deviendrait nécessaire, sous prétexte de vénération envers ses oppresseurs, qu'il faudrait toujours appeler *excellences*, d'affaiblir l'expression de la vérité, de recourir peut-être de nouveau à l'apologue et à l'allégorie, pour se prosterner devant le ministérialisme, et d'envelopper ainsi le *dernier cri de la patrie expirante*, pour que ce cri ne parût pas trop déchirant, et ne fît pas naître des émotions trop fortes dans les entrailles ministérielles. La vérité autorise toute plainte, sans que le plaignant puisse être accusé de *manquer de respect* à l'autorité, et surtout au Roi, qu'il sait incapable de mal et inviolable comme la Divinité; ce reproche ne peut au contraire qu'atteindre l'oppresseur qui calomnie les bontés paternelles du Roi, en privant la nation et les particuliers des avantages auxquels ils ont droit.

Un ministère qui a perdu la confiance de la nation ne peut long-temps conserver celle du Roi, parce que le Roi ne peut gouverner que dans les intérêts de la nation. Tout effort devient inutile; il ne peut plus faire le bien. Se roidit-il contre la résistance qu'il éprouve, le despotisme achève de le rendre odieux, le moment de sa chute approche, et la responsabilité n'en devient que plus terrible. Le meilleur et unique service qu'il puisse alors rendre à la couronne et à l'état, c'est de se retirer, afin que des mains plus habiles puissent encore sauver la chose publique.

Ministres, respectez l'empire de l'*opinion*, vous n'éprouverez guère alors les embarras de l'*opposition*, et les divers ministères seront les canaux de la prospérité publique.

Il ne faut jamais perdre de vue que j'écris sous un gouvernement représentatif, dont les maximes tutélaires des franchises de la nation doivent paraître des blasphèmes dans un gouvernement absolu, tout comme les maximes despotiques d'un gouvernement absolu ne peuvent convenir à la modération d'un gouvernement constitutionnel.

CHAPITRE VIII.

Du Ministère de la Police générale.

Le ministère de la police générale achevera de dévorer la Charte, si la Charte n'anéantit pas le ministère de la police générale.

L'empire de la Charte n'a pas besoin de coups d'état, de ces tours de force du ministère de la police générale; la police administrative ne doit plus avoir de cachots, de tortures; elle doit remettre à la police judiciaire les prévenus en vingt-quatre heures, et la justice doit avoir son cours.

On a tant déclamé contre l'inquisition religieuse; l'inquisition politique est-elle bien plus humaine?

Si, contre le vœu de toute la France (1) et par une fatalité inconcevable, le ministère de la police générale continuait à exister, il est à désirer que la surveillance de l'imprimerie, de la librairie et des journaux ne demeure pas dans ses attributions; cette surveillance semble appartenir plus directement à l'intérieur, chargé de tous les établissemens des sciences et des arts. Met-on la lumière sous le boisseau pour éclairer?

Mais n'oublions pas que ce ministère dévorera la Charte, ou que la Charte anéantira ce ministère.

---

(1) En l'an 11, je proposai, dans un ouvrage imprimé, la suppression de ce ministère; et, pour ce motif ou tout autre, il ne tarda pas d'être supprimé.

TITRE II.

De la Liberté publique.

Nous avons vu que les bases de la liberté publique sont :

Le gouvernement représentatif,
Le consentement de l'impôt,
Le consentement de l'armée,
L'indépendance judiciaire,
Et la responsabilité ministérielle.

CHAPITRE PREMIER.

Du Gouvernement représentatif.

Dans un gouvernement représentatif, la souveraineté réside, en équilibre, sur trois moyens combinés, savoir :

1° Un chef dépositaire de la puissance exécutive ;

2° Un corps intermédiaire entre ce chef et le peuple ;

3° L'assemblée des représentans du peuple, exerçant, avec le concours des deux autres, la puissance législative.

C'est ce qui s'appelle *la balance des trois pouvoirs*, sans laquelle aucun gouvernement représentatif ne saurait prospérer.

Car, si, dans un état où la souveraineté est partagée, il n'y avait que deux pouvoirs, soit celui du Roi et celui de la nation, soit celui des grands et celui du Roi, ils tendraient sans cesse à empiéter l'un sur l'autre, et s'entre-choqueraient continuellement, jusqu'à ce que l'un des deux fût écrasé.

Nous avons fait, à deux différentes époques, la fatale expérience du mépris de la balance des trois pouvoirs. Ainsi, sous l'infortuné Louis XVI, le pouvoir représentatif n'étant pas divisé en deux chambres, il n'y eut que deux pouvoirs, celui de la royauté et celui du peuple ; la démocratie dévora la royauté, et finit par se dévorer elle-même. Ainsi, sous Napoléon, le sénat, corps intermédiaire et conservateur par destination, fut corrompu et neutralisé par le tyran. Que dis-je, *neutralisé?* au mépris de la balance des trois pouvoirs, il devint l'instrument actif de la tyrannie, par la destruction du troisième pouvoir. Il commença par mutiler le *tribunat*, et il absorba depuis les restes de cette institution démocratique. Le despote, sûr de ne trouver aucune résistance dans le pouvoir conservateur, chassa ensuite le corps législatif. Après avoir consenti à la destruction du pouvoir représentatif, le corps intermédiaire se trouvant seul vis-à-vis de la tyrannie, et voulant éviter ses froissemens destructifs, lui vendit la nation elle-même. Mais ce qui était arrivé à la démocratie triomphante ne tarda guère d'arriver au despotisme ombrageux : il servit bientôt lui-même d'aliment à ses propres fureurs. Le tyran, cumulant alors sur sa tête un pouvoir sans bornes, épuisa les peuples par les réquisitions de toute espèce, doubla les impositions, déjà si énormes, autorisa l'usure pour en faciliter la perception, regretta de ne pouvoir mobiliser les immeubles de tous ses sujets pour les leur enlever, mit en mouvement toute la population, jusqu'à soixante ans, donna enfin aux personnes et aux choses une commotion si violente, qu'il fut lui-même écrasé par le colosse d'autorité qu'il avait préféré à la sage balance des trois pouvoirs (1).

Il faut donc un troisième pouvoir pour modérer les prétentions respectives et tenir la balance : c'est la réaction de ces trois pouvoirs qui est le lien de tous les gouvernemens, où le souverain ne réunit pas la puissance législative et la puissance exécutive, c'est-à-dire, l'autorité entière.

Le gouvernement est-il représentatif en France? On ne se serait pas permis d'émettre une pareille question, s'il n'avait pas été avancé dans la chambre des députés que nous n'avons pas de gouvernement représentatif.

Dans la réponse du lieutenant général du royaume au sénat et au corps législatif, à

---

(1) Je suis d'autant plus effrayé de la situation actuelle de la France, en la voyant dépouillée de toutes les libertés que le Roi lui avait concédées, qu'à l'histoire des événemens que je viens de rapporter, il m'est facile d'ajouter la prédiction du ministre de la police générale : « Si vous détruisez cette balance, si vous « élevez un pouvoir aux dépens de l'autre, vous rentrez dans les révolutions et dans le chaos. »

la date du 14 avril 1814, on lit : « Le Roi, « en déclarant qu'il maintiendrait la forme « actuelle du gouvernement, a donc re- « connu que la monarchie devait être pon- « dérée par un gouvernement *représentatif*, « divisé en deux chambres. »

La déclaration du Roi, du 2 mai suivant, porte : « Le gouvernement *représentatif* « sera maintenu tel qu'il existe aujourd'hui, « divisé en deux corps. »

Le gouvernement *représentatif* est constitué par l'article 15 de la Charte : « La puis- « sance législative s'exerce collectivement « par le Roi, la chambre des pairs, et la « chambre des députés des départemens. »

Il était inutile de mettre alors dans la Charte l'article 24 : « La chambre des pairs « est une portion essentielle de la puissance « législative ; » ou bien il fallait répéter cette redondance pour la chambre des députés, car elle est une portion non moins essentielle de la puissance législative, puisque la puissance législative s'exerce collectivement par le Roi, la chambre des pairs, et la chambre des députés, ce qui constitue la *balance des trois pouvoirs*.

Peut-on alors entendre, sans étonnement, des députés des départemens dire à la tribune que *nous n'avons pas de gouvernement représentatif*, que *le Roi est le seul représentant de la nation*, que *les membres des deux chambres ne sont que les conseillers du Roi*, etc.

Nous n'avons pas de gouvernement représentatif! et lisez la déclaration du lieutenant général du royaume, la déclaration du Roi et l'article 15 de la Charte.

Le Roi est le seul représentant de la nation! Peut-on ainsi outrager le Roi qui nous a donné le gouvernement représentatif, en lui faisant l'application d'une maxime qui ne peut convenir qu'à Constantinople et dans les gouvernemens absolus? Là, le monarque est le seul représentant de la nation, puisqu'il ne gouverne que selon sa volonté, et que sa volonté seule sert de loi. Mais, dans un gouvernement représentatif, la nation est représentée par les trois branches du pouvoir législatif, et plus spécialement par les deux chambres qui forment le gouvernement représentatif.

Les membres des chambres ne sont que les conseillers du Roi! Et qu'ont-ils de commun avec ses ministres, avec son conseil d'état? C'est surtout le directeur général des contributions indirectes qui a abusé du raisonnement et des citations, pour prouver aux membres de la chambre des députés qu'ils ne sont que les conseillers du Roi : « Le Roi, a dit M. le baron de Barente, au « moyen de ses conseillers, qui sont les « chambres, a une forme de manifester sa « volonté, qui s'appelle *la loi ;* la loi est « alors la volonté royale dans toute son in- « tensité. C'est le résultat de ce vieil adage : « *Si veut le Roi, si veut la loi.* » Non, les chambres ne sont pas les conseillers du Roi, puisqu'elles sont deux branches du pouvoir législatif qui peuvent accepter, amender ou rejeter la proposition du Roi; non, la loi n'est pas la manifestation de la volonté du Roi seulement, puisqu'elle est l'expression de la volonté des trois branches du pouvoir législatif; non, la loi n'est pas la volonté royale dans toute son intensité; puisqu'elle contient le mélange de la volonté des deux autres branches du pouvoir législatif : c'est l'ordonnance qui contient la volonté royale dans toute son intensité, parce qu'elle contient la volonté royale et rien que la volonté royale.

Miséricorde ! que fait ici ce vieil adage : *Si veut le Roi, si veut la loi?* On conçoit qu'il exista, lorsque le Roi avait seul la puissance législative ; mais peut-on le ressusciter dans un gouvernement représentatif ? Vieillerie pour vieillerie, n'aurait-il pas été plus à propos de se rappeler cet ancien axiome : La loi se fait par la volonté du Roi et le consentement du peuple. *Capitula*, disait Charlemagne, *quæ legi Salicæ cum consensu populi addenda esse censuimus.*

Quoique M. le baron de Barente, à la suite de son ambitieuse tirade, ait été gratifié de *bravos* dont l'espèce est un peu incertaine, je suis persuadé qu'il ne pourrait s'empêcher de lire, avec une émotion attendrissante, ces paroles remarquables adressées, par ordre de Louis XVI, à l'assemblée des notables de 1787 : « Que d'autres rappellent cette « maxime de notre monarchie, *si veut le* « *Roi* : *Si veut la loi;* la maxime de Sa Majesté « est : *Si veut le bonheur du peuple, si veut* « *le Roi.* »

Il est hors de doute que notre gouvernement est représentatif ; mais cette espèce de gouvernement n'existe-t-il en France que depuis la révolution? ou bien, la monarchie française n'était-elle pas une monarchie tempérée par un gouvernement représentatif?

Dans la France monarchique, avant la révolution, les parlemens étaient le pouvoir intermédiaire entre le Roi et le peuple. Si quelque province essayait de résister à l'autorité royale, les parlemens la ramenaient à l'obéissance. Si le ministère persistait à donner à la France quelque édit dont les effets ne pussent être qu'onéreux ou désastreux, les parlemens refusaient de l'enregistrer, et portaient leurs doléances respectueuses au pied du trône : l'édit était presque toujours retiré ou modifié.

Ce qui donnait aux parlemens cette indépendance, cette force de pouvoir intermédiaire entre le prince et les magistratures populaires, c'était :

1° *Leur antique origine*, puisque la tradition des siècles les représentait au peuple comme les premiers défenseurs de ses libertés et de ses intérêts auprès du Monarque, et les environnait de cette confiance illimitée, de cette force de l'opinion qui aurait ébranlé l'autorité royale, si elle eût dédaigné les justes représentations de ces premiers corps de l'État ;

2° *La participation au pouvoir souverain* par l'enregistrement de la loi, faculté qui faisait qu'il n'y avait de loi obligatoire dans leur ressort respectif que lorsqu'elle avait été enregistrée, faculté qui leur en faisait suspendre l'enregistrement toutes les fois qu'ils y découvraient un vice contraire au bonheur des Français, jusqu'à ce qu'enfin le Roi avait dit : Droit de leur supplique respectueuse.

3° *Leur nombre de treize*, qui leur imprimait une force de résistance bien supérieure à celle d'un seul corps, puisque la loi n'était obligatoire que dans le ressort du parlement qui l'avait enregistrée, et qu'il fallait, pour ainsi dire, les subjuguer tous les treize par la bonté de l'édit présenté, pour qu'il devînt une loi générale ;

4° Leur placement *sur les divers points du royaume*, qui avertissait au même instant toutes les provinces que le ministère attentait à leurs droits, et qu'elles ne devaient pas les compromettre par une soumission aveugle, avant que leur Seigneur et Roi n'eût prononcé sur leurs doléances ;

5° *Leur existence constante* et jamais interrompue qui faisait qu'au moindre danger ils étaient toujours au poste de l'honneur ;

6° Les états provinciaux, les corporations, la fameuse université venaient encore fortifier de leurs représentations respectueuses la lutte des parlemens contre un ministère qui voulait attenter aux franchises de la nation ;

7° La diversité de droit et de jurisprudence multipliait encore les embarras des localités, et opposait autant de barrières au despotisme.

On voit que la monarchie française était un gouvernement représentatif, à la différence de la forme qui le constitue aujourd'hui en deux chambres séparées. Mais le corps intermédiaire était autrefois plus fort, plus puissant, plus capable de remplir sa destination. Aujourd'hui le corps représentatif ne peut avoir la force morale de treize corps intermédiaires, puisqu'il est seul ; il ne peut être fortifié par les représentations des administrations provinciales et des corporations, puisqu'il n'existe pas de corporations, et que les administrations provinciales, très-défectueuses, n'ont pas le droit de pétition ; il n'a pas la force des lieux en occupant les divers points du royaume, puisqu'il n'est qu'au pied du trône; il ne peut toujours être au poste du danger, puisqu'il ne peut s'assembler que d'après la convocation du Prince : un corps de nouvelle création ne peut jouir du prestige de la vénération des siècles, lorsque surtout on le voit attaqué jusque dans son existence, et céder tous les jours à des propositions destructives de la loi fondamentale. Enfin, il n'est pas jusqu'à l'uniformité de droit et de jurisprudence qui fut si long-temps l'objet des vœux des jurisconsultes et des magistrats, qui ne puisse favoriser aujourd'hui les entreprises du pouvoir; jusqu'à cette machine télégraphique qui ne porte, en quelques minutes, ses ordres dans toutes les parties de la France, lorsqu'autrefois un ruisseau en eût heureusement ralenti l'exécution.

Le gouvernement représentatif repose sur l'indépendance des colléges électoraux, et sur la liberté de la discussion et du vote dans les chambres.

ARTICLE PREMIER.

De l'indépendance des Colléges électoraux.

Si les colléges électoraux ne sont pas libres, s'ils sont subjugués par le gouvernement, ils feront des choix étrangers au pouvoir démocratique; les députés élus, à leur tour, ne seront pas libres: la reconnaissance leur imposera la livrée du pouvoir qui aura dicté leur élection; ils seront les approbateurs et non les contrôleurs des actes du ministère. Défenseurs nés des franchises nationales, ils les sacrifieront au pouvoir royal, et ils affaibliront ainsi la nation et le trône; la nation, en la privant de ses libertés; le trône, en lui donnant une bouffissure qui accusera le défaut de balancement des pouvoirs, ou plutôt l'empiétement du pouvoir royal sur le corps démocratique.

Jusqu'ici on a entendu à la tribune des députés, rougissant de leur origine, méconnaître leur mission et plaider contre la démocratie, tandis que la chambre est le pouvoir démocratique; aussi est-elle tous les ans dans une fausse position.

La chambre de 1815, influencée par l'événement funeste qui venait de compromettre le trône des Bourbons, se jeta à corps perdu au delà des principes. Ses exagérations amenèrent le triomphe du ministère qui, luttant avec peine contre une si grande réunion de talens, résolut de se ménager des athlètes moins difficiles à combattre. Tel fut le sort de cette chambre, de porter à son arrivée un ministère à la retraite, et d'être congédiée par un autre ministère.

La chambre de 1816, ayant reçu la naissance des colléges électoraux, organisés par une ordonnance et non par une loi d'après la Charte, devait encore se ressentir du berceau royal, et répéter des concessions dangereuses pour la liberté publique. Mais tous les amis du gouvernement représentatif furent surtout affligés de voir le ministère, non content de la présidence des colléges électoraux, circonvenir de toutes les manières ces colléges par les instructions aux préfets, par la correspondance des ministères et des directions générales avec leurs employés dans les départemens, par l'envoi des émissaires sur les lieux, et par la direction des journaux. Écrasé encore de la dure existence qu'il avait eue sous la chambre de 1815, il ne négligea rien, il se permit tout pour empêcher l'élection des membres influens de cette chambre, et pour imposer des choix moins incommodes.

Aussi, les députés de 1817, enfans d'origine ministérielle, firent au ministère les mêmes concessions arbitraires que lui avaient faites leurs prédécesseurs; non, parce qu'elles pouvaient paraître nécessaires comme en 1815, mais uniquement par représailles, et parce qu'elles avaient été faites, ainsi qu'ils le proclamaient eux-mêmes, sans craindre les reproches de la partie sacrifiée.

En 1817, les colléges électoraux ne furent guères plus libres : le ministère employa encore les mêmes moyens, mais dans un sens contraire. Effrayé de sa victoire de l'année précédente et des résultats incalculables qu'il crut prévoir, si les citoyens qu'il avait éloignés en 1816 ne venaient pas tempérer son triomphe déplorable, il les appela à son secours, et il influença les choix des colléges électoraux. Aussi la chambre vient-elle, malgré les protestations les plus patriotiques et les plus éloquentes, de continuer, dans les mains du ministère, le pouvoir dictatorial sur la presse.

Mais pourquoi se donner tant de peine? pourquoi employer ses veilles à nous priver des concessions royales? pourquoi dépenser en entreprises anti-nationales une partie de cet impôt qui coûte tant de larmes? L'envoi des émissaires près les colléges électoraux, les frais des festins donnés aux électeurs ont peut-être absorbé l'impôt d'un département. Ainsi, les larmes qui auront accompagné le paiement de l'impôt auront été suivies des larmes qu'aura occasionnées l'emploi de cet impôt. Pourquoi ne pas renoncer à des moyens si coûteux, et pourquoi ne pas avoir tout bonnement, ainsi que sous Napoléon, *une machine à choix* comme le sénat?

La corruption ou la violence employée à l'égard des colléges électoraux est le plus grand crime politique; il a la double énormité du crime de lèse-nation et de lèse-majesté, parce qu'en étouffant au berceau le pouvoir national, il détruit la balance des pouvoirs, en les réduisant de trois à deux; il expose en même temps la royauté à des convulsions qui accompagnent l'autorité despotique comme celle qui est trop faible, et, pour me servir des expressions de M. le comte de Cazes, il fait rentrer la France *dans les révolutions et dans le chaos.*

Je crois me rappeler que, dans une de nos précédentes constitutions, il y avait un article qui excluait pendant vingt ans des fonctions publiques celui qui était convaincu de n'avoir dû les suffrages qu'à la corruption. Ne devrait-il pas y avoir une loi qui déterminât jusqu'à quel point le ministère peut influencer le corps électoral ? Ce sera sans doute un des articles de la loi sur la responsabilité ministérielle.

En attendant, je rappellerai que, sous le directoire exécutif, François de Neufchâteau, ministre de l'intérieur, ayant paru attenter par une circulaire à l'indépendance de l'assemblée électorale, le corps législatif se montra jaloux défenseur de la prérogative nationale, et François de Neufchâteau fut destitué. Quels dangers n'aurait-il pas courus si son attentat eût été aussi caractérisé que ceux dont nous avons été naguère les témoins !

Il est à observer que la matière n'a pas paru susceptible *d'une loi d'exception*, puisqu'il n'en a pas été présenté. Je préfère cette marche franche et ouverte à l'insulte de la dérision qui prétend me persuader que je conserve ce que m'enlève une mesure arbitraire, arbitrairement qualifiée loi, comme les écarts du despotisme impérial étaient appelés *sénatus-consultes*.

ARTICLE II.

De la liberté de la discussion et du vote dan les Chambres.

« Toute loi, porte l'article 18 de la Charte, « doit être discutée et votée librement par la « majorité de chacune des deux chambres. » Puisque l'on a cru nécessaire ce texte constitutionnel, observons comme il est exécuté.

La liberté de la discussion se trouve souvent gênée dans les chambres de plus d'une manière.

§ 1er. *Vice d'origine.*

Les députés qui ne doivent leur nomination qu'à l'influence ministérielle croient ne pouvoir montrer de l'indépendance sans paraître ingrats.

Les fonctionnaires publics ne discutent que dans le sens du ministère, ou croient prudent de garder le silence pour conserver leur traitement.

§ 2. *Question préalable.*

La question préalable est une expression qui n'est pas familière aux nouveaux venus, en sorte que l'on a quelquefois un résultat autre que celui que l'on aurait eu si l'on s'était entendu. Le parti qui a obtenu la décision prétend néanmoins s'en prévaloir, comme si la surprise avait laissé la liberté du consentement. On va jusqu'à dire que la chambre ne peut revenir sur sa décision, tandis qu'on voit tous les jours les tribunaux rétracter leurs jugemens. Jusqu'à ce que la décision soit sortie de la chambre, je pense qu'elle lui appartient, et que la chambre peut la modifier à son gré pendant la discussion, puisque l'on peut corriger une loi le lendemain qu'elle est faite, sous l'alternative de livrer l'état à la désolation, parce qu'il n'est pas de petite faute dans l'administration d'un grand royaume.

§ 3. *Emploi inconvenant du nom du Roi.*

On abuse du nom sacré du Roi pour influencer les chambres et ravir leurs décisions, parce que l'on est témoin que le nom de ce Prince *désiré* ne peut s'y prononcer sans être accompagné de cris d'enthousiasme et d'amour. Que les chambres sachent concilier, avec tous les sentimens qui les unissent au Roi, la persuasion que l'auteur de la Charte ne veut pas détruire son œuvre royale, puisqu'il a déclaré qu'il *ne souffrirait jamais qu'il y fût porté atteinte.* Que ceux qui affectent de nommer si souvent le Roi ne pensent pas que l'on croie que, pour l'avoir si souvent sur les lèvres, ils l'aient mieux dans le cœur que ceux qui, respectant son nom auguste par un silence religieux, lui feraient un rempart de leur corps, quand même ils ne peuvent accepter un projet de loi présenté au nom du trône.

Le nom de Sa Majesté est dans tous les cœurs, mais l'usage en est abusif dans les chambres par le but que l'on se propose. Respecter les autres pouvoirs, c'est respecter le Roi qui veut et doit régner selon la Charte ; influencer le pouvoir national, c'est manquer de respect au Roi dont la Charte veut que les chambres délibèrent et votent dans une pleine liberté. N'accorder au pouvoir royal que ce que la Charte lui accorde, c'est respecter la

Charte et le Roi, c'est fortifier le trône parce que l'on respecte la balance du gouvernement représentatif ; élever le pouvoir royal aux dépens du pouvoir national, c'est manquer de respect au Roi parce que l'on reprend en son nom les concessions qu'il avait faites à son peuple, c'est détruire l'œuvre de sa sagesse, qu'il a appelé *son plus beau titre aux yeux de la postérité ;* c'est, en rompant tout équilibre, faire rentrer la France dans les *révolutions et dans le chaos.*

Les chambres doivent donc se défier des écarts législatifs où pourraient les entraîner les prestiges de l'enthousiasme et les mouvemens irrésistibles d'amour et de reconnaissance qui accompagnent toujours le nom du meilleur des Rois.

§ 4. *Faculté de supplier le Roi de proposer une loi sur quelque objet que ce soit.*

« Les chambres, dit l'article 19, ont la « faculté de supplier le Roi de proposer une « loi sur quelque objet que ce soit, et d'in- « diquer ce qu'il leur paraît convenable que « la loi contienne. »

Quand les membres des chambres ont fait

quelques propositions, on a tout fait pour les en détourner, disant « qu'ils dépopularisaient le « Roi, qu'ils lui enlevaient l'occasion de faire « le bien, qu'ils se mettaient entre le peuple « et le Roi, qu'ils interceptaient l'amour et la « reconnaissance de ses sujets ; que la pro« position devenait inutile, parce que le « ministère préparait un projet de loi sur la « même matière, etc. » Ce n'est là qu'un respect superstitieux qui compromet le sceptre ; le Roi ne s'est pas manqué de respect à lui-même, lorsque, par l'article 19, il a accordé aux chambres le droit de pétition concédé à tous les citoyens par l'article 53. Exécuter la Charte n'est pas manquer de respect au Roi qui a entendu en assurer l'exécution par ces paroles mémorables : « Je ne « souffrirai jamais qu'il soit porté atteinte à « la Charte, cette loi fondamentale. »

Le monarque généreux avait même reconnu que ce n'était pas assez accorder aux deux pouvoirs qui partagent avec lui la puissance législative, que de les confondre avec la masse de ses sujets dans le droit de pétition ; il avait déclaré que l'article 16 qui lui réserve la proposition de la loi, ainsi que les autres désignés dans l'ordonnance du 13 juillet 1815, seraient soumis à la révision du pouvoir législatif dans la session de 1816, c'est-à-dire, en d'autres termes, qu'il consentirait à partager avec les chambres la prérogative de la proposition des lois. Non-seulement on est parvenu à faire retirer cette ordonnance, mais encore à anéantir, pour ainsi dire, par une espèce de fanatisme, la faculté énoncée en l'article 19.

Il faut pourtant bien que le ministère présente des projets de loi, ou qu'il laisse exercer par les chambres la faculté de supplier le Roi d'en faire présenter. Il est à désirer que les chambres soient fortement imbues de l'idée qu'elles sont deux branches du pouvoir législatif ; qu'elles ne peuvent point transiger sur les attributions que la Charte leur confère ; que les trois élémens du pouvoir législatif ont le même droit au respect, dans le cercle de ces attributions, et que c'est répondre à l'attente de la nation et soulager le fardeau du trône, que d'user le plus souvent possible de la faculté de supplier le Roi de faire présenter des projets de loi. L'ami de la Charte ne peut supporter l'idée de la voir encore, quatre ans après son émission, privée de l'auxiliaire des lois organiques, c'est-à-dire, sans existence et sans vie.

§ 5. *Mauvaise doctrine des Amendemens.*

« Aucun amendement, porte l'article 46, « ne peut être fait à une loi, s'il n'a été « proposé ou consenti par le Roi, et s'il n'a « été renvoyé et discuté dans les bureaux. »

Il n'est pas de matière sur laquelle on ait entendu autant d'hérésies politiques; il n'est pas d'article de la Charte dont on ait autant abusé pour anéantir la liberté de la discussion et du vote. On a bien vu que l'on avait détourné les chambres de faire des propositions tendantes à supplier le Roi de présenter des projets de loi sur un objet quelconque; on n'avait pas prétendu en cette occasion que c'était empiéter sur l'initiative du Roi, la faculté accordée par l'article 19 était trop précise; mais on s'était étayé d'un respect superstitieux, comme si l'exécution de la Charte était un outrage à son auguste auteur. Mais faire des amendemens de quelque importance aux projets de loi, parut au ministère et aux partisans de l'autorité l'envahissement de la prérogative royale; selon eux, l'amendement ne pouvait avoir d'autre latitude que d'amender les fautes d'orthographe, ou de faire quelque correction grammaticale; de présenter enfin une rédaction plus claire et plus précise; mais jamais d'insérer dans la loi aucun article qui contrariât le système présenté. On permettait bien aux chambres de s'occuper de mots, mais non de choses, comme si le pouvoir qui peut rejeter la loi ne pouvait pas la modifier de la manière la plus étendue, et comme si toute la force de l'initiative ne consistait pas dans la présentation de la loi, et n'était pas épuisée par cette présentation.

Le ministre de l'intérieur a gêné la discussion de l'assemblée jusqu'à déclarer que l'amendement dont elle s'occupait ne serait pas accepté par le Roi. Le ministre de la prérogative royale doit respecter aussi la prérogative nationale. Si la Charte accorde au Roi la proposition de la loi, elle permet aux chambres d'amender les lois proposées, et elle exige une pleine et entière liberté dans la discussion et dans le vote. L'acceptation ou le rejet d'un amendement suppose l'existence de cet amendement; il y a une convenance réciproque dans l'exercice de cette attribution respective, et il n'y a pas moins d'indécence à comprimer la liberté de la chambre, en lui déclarant que le Roi n'acceptera pas un amendement qui n'existe point, qu'il n'y en aurait de la part de la chambre à faire supplier le Roi d'accepter un projet d'amendement qui n'aurait pas encore été voté, ou qui même l'aurait été. Chaque pouvoir doit être indépendant dans ses attributions constitutionnelles.

Il est bon de rappeler que, lorsque la chambre des députés exerça l'initiative pour livrer au gouvernement six millions de rentes, il n'y eut pas de querelle sur l'usurpation de la prérogative royale. Vainement le comte de Labourdonnaye tonna contre la violation de tous les principes, dans une matière de cette importance, puisqu'il n'y avait ni demande du gouvernement, ni par conséquent titre pour la responsabilité ministérielle ; l'octroi spontané de six millions de rente n'en eut pas moins lieu. Les chambres ont constamment prouvé que la seule faute dont elles puissent se rendre coupables n'est pas l'envahissement de la prérogative royale, mais l'imprudence d'accorder au pouvoir royal plus que la Charte ne permet. Or, je ne cesserai de le répéter, on compromet le trône par une complaisance servile comme par une résistance sacrilége, parce qu'on dérange l'équilibre des pouvoirs et qu'on rentre dans les révolutions et le cahos.

Voici la saine doctrine de l'amendement exposée par un noble membre de la chambre des pairs, M. le comte de Boissy-d'Anglas. Sa logique irrésistible me paraît devoir interdire dorénavant toute mauvaise querelle sur cette matière, et laisser à la discussion des chambres toute la liberté constitutionnelle.

« Il a été prétendu que les chambres ne pouvaient proposer des amendemens de cette importance, et que cette restriction était dans la Charte.

« Le droit de proposer des amendemens est sans bornes : il ne résulte pas textuellement de la Charte qui n'a fait que régler les formes qu'il fallait suivre dans leur proposition ; il résulte du droit que la Charte confère à chacune des deux chambres de rejeter une loi qui est proposée, sans autre motif que sa volonté. Si donc, vous pouvez rejeter la loi ; il suit que vous pouvez mettre à son acceptation telle modification qu'il vous plaît : les autres branches de la puissance législative ne sont point lésées par cette proposition, puisqu'elles peuvent ne pas l'accepter. Si elles la refusent elle est comme non avenue ; et alors, quelle atteinte a-t-elle portée à leur prérogative ? si elles l'acceptent, ce sera parce qu'elle leur aura paru convenable, et alors elle leur aura donné l'avantage de ne pas voir rejeter une loi qui leur plaisait ; mais, dans une hypothèse comme dans l'autre, leur indépendance n'a point été méconnue, leur droit n'a point été restreint, leur privilége n'a point été violé, et la Charte a été respectée.

« Mais, a-t-on dit, vous portez par-là une atteinte visible à la prérogative royale, vous usurpez l'initiative, car proposer c'est régner. 1° Nous ne portons point atteinte à la prérogative royale, encore moins à son autorité, car le Roi reste le maître de rejeter ou d'accepter l'amendement qui lui est proposé ; s'il l'accepte, c'est parce qu'il lui aura convenu, comme je viens de le dire tout à l'heure. Ainsi, en dernière analise, nous n'aurons utilement proposé au Roi que la chose qui lui aura paru convenable ; 2° nous n'usurpons point son initiative ; car, si le Roi a accepté l'amendement proposé par une chambre, il se le sera rendu propre, et, en le présentant à l'autre, il aura exercé son initiative. Certes, je ne veux point porter atteinte à aucune prérogative royale ; cependant il en existe une autre bien plus forte, bien plus importante, bien plus salutaire, qui défend et garantit toutes les autres, c'est le droit de rejeter la disposition législative qui déplaît ; c'est à l'occasion de ce droit qu'on peut dire que *rejeter* c'est *régner*. »

§ 6. *Violences.*

Voici comment, par une fiction oratoire, par un acte de modération, M. le marquis de Boisgelin, pair de France, nous peint dans l'avenir ce qui n'a que trop la réalité du présent.

« Mais enfin, ceux qui, comme nous, ont passé par ces grandes époques où le sort des nations a été changé tant de fois, ne peuvent se vanter de prévoir tout ce que renferme l'avenir, et les remèdes auxquels on croira pouvoir recourir. Si d'autres hommes, méconnaissant le vœu de notre pays, allaient se persuader que la représentation nationale ne convient point au caractère français ; qu'il faut prendre tous les moyens de la restreindre pour finir un jour par l'anéantir; et, se jouant aussi de la véritable acception des mots pour accomplir leur dessein, s'ils trouvaient moyen de donner à l'impôt des dénominations nouvelles, de restreindre furtivement la portion qui doit être votée chaque année, et de comprendre leur presque totalité dans la classe de ceux qui peuvent être demandés pour un long terme !...

« Nous verrions alors, Messieurs, le nombre des électeurs et des éligibles réduits à quelques hommes, pour lesquels l'opinion publique ne serait rien; et suivant un si déplorable système, qui peut prévoir les fatales métamorphoses qu'on ferait subir aux pouvoirs les plus nécessaires à la constitution et à l'état ? Le banc des députés, le nôtre en seraient-ils à l'abri ? Une place plus auguste serait-elle épargnée ? Non, Messieurs; on nous assurerait peut-être encore que la Charte n'est pas violée....

« Messieurs, un dévouement profond, inébranlable pour le Prince qui nous gouverne, me fait un devoir de signaler un danger qui me paraît aussi menaçant pour le trône que pour mon pays.

Un autre pair de France, M. le vicomte

de Châteaubriand, dédaignant les tournures oratoires, quoiqu'il soit un des premiers orateurs, peint avec plus de véhémence l'état actuel des choses, sans doute parce qu'il est plus pénétré de l'imminence du danger.

« Quand l'opinion pourra parler dans les feuilles publiques, quand on cessera de traduire en police correctionnelle ce qu'il y a de plus noble dans l'homme, la liberté de la pensée, alors et seulement alors on sentira les avantages de la Charte.

« Nous sommes si loin de cet état de choses, que l'on voudrait asservir l'opinion, même dans le sein des deux chambres. Quiconque a le malheur de se trouver placé dans la minorité, est obligé, en montant à la tribune, de se demander s'il a encore quelque chose à perdre, s'il a fait d'avance tous ses sacrifices. Ce n'est pas sans une profonde douleur que je vois s'établir cette intolérance politique. Je ne m'en suis pas plaint, tant que j'en ai été seul la victime. Je reconnais volontiers que mes services ne sont rien, et qu'on ne me doit aucun ménagement. Mais quand je vois les plus dignes et les meilleurs serviteurs du Roi subir des rigueurs uniquement pour s'être exprimés avec franchise, je ne puis m'empêcher d'en être affligé. Sous quel régime vivons-nous donc, si un pair de France, si un député ne peut dire, sans être poursuivi comme un ennemi, ce qu'il croit utile au bien de l'état ? Qu'il me soit permis, pour le salut de la Charte et pour l'honneur des deux chambres, de réclamer la liberté des opinions devant cette noble assemblée. »

Je vais exposer avec affliction les degrés de compression qui détruisent la liberté des chambres.

1°. L'influence s'exerce quelquefois par les *murmures*, lorsque les mandataires de la nation, laissant échapper quelques maximes tutélaires, cherchent à conserver la balance des pouvoirs, seule source de l'ordre, seule sauvegarde du gouvernement représentatif.

2° Lorsque, cédant à un dévouement sans bornes pour le Roi et la patrie, des membres des deux chambres ont peint les effets désastreux de l'arbitraire et réclamé l'empire de la loi fondamentale, on a entendu des ministres et des ministériels convertir en attaques contre les ministres, dirigées par l'ambition de les remplacer, ces explosions patriotiques qui ne pouvaient être inspirées que par le plus pur désintéressement et le sacrifice le plus absolu à la chose publique. Ces inconvenances ne choquent pas moins la majesté royale que l'indépendance des Chambres ; c'est perdre de vue que l'on parle devant les deux tiers du pouvoir législatif au nom de l'autre tiers.

3°. Des murmures nous avons passé aux discours, des discours nous allons passer aux actes. Le comte Vaublanc, ministre de l'intérieur, a-t-il la franchise de dire à la tribune que, comme ministre, il a voté en un sens sur la loi des élections, et comme député, il vote en un autre sens ? (1) Il est renvoyé comme un faux frère. Le conseiller d'état Benoist parle-t-il le langage de la raison et de la justice, lors de la présentation de la pétition aux chambres par la D[lle] Robert ? On lui apprend qu'à dater du 1er. du mois, il cessera d'être porté sur le tableau des conseillers d'état. Quelles leçons pour les autres membres de la chambre, revêtus de fonc-

---

(1) Aussi, je vois des inconvéniens de plus d'une espèce à ce que les ministres soient membres des chambres, et je ne trouve aucun avantage à ces doubles personnages.

tions publiques ! aussi se condamnent-ils au silence, à moins qu'ils ne parlent dans le sens et dans les intérêts du ministère. A la chambre des pairs, pas plus d'indépendance constitutionnelle. Le vicomte de Châteaubriand qui n'est plus ministre d'état, a déploré le danger de l'opinion libre à la tribune. Tout le monde se répète la disgrâce de M. le comte Jules de Polignac et celle de M. le duc de Fitzjames, pour avoir peint avec vigueur les fautes de l'administration.

4°. La destitution pouvait ne pas toujours satisfaire, parce que tous les députés n'ont pas des emplois ; on aurait désiré la peine de l'*emprisonnement* contre les députés auxquels la Charte confère cependant le droit d'accuser les ministres. On ne manque jamais de motifs d'ordre public pour masquer des prétentions particulières. « Il reste à arrêter d'autres dispositions, disait M. le président de la chambre des députés, dans la séance du 14 « novembre 1817 ; il reste à arrêter d'autres « dispositions à l'égard des députés qui offen- « seraient un ou plusieurs de leurs collègues « ou même la chambre entière ; le rappel « à l'ordre, la censure, l'insertion au pro- « cès-verbal ne sont que des moyens insuf-

« fisans de répression. A la suite de l'article « 24, il conviendrait d'ajouter : Les man« quemens envers la chambre ou l'un de « ses membres seront punis d'un empri« sonnement de jours. Le président peut « renvoyer la délibération à la séance pro« chaine ; elle sera exécutée par les huissiers « de la chambre, sur une ordonnance du « président. » La chambre accueillit la proposition par des murmures dans plusieurs parties de la salle, et, sur le rapport de la commission qui conclut n'y avoir lieu à délibérer, finit par la rejeter après mûr examen. Elle démêla, dans ce prétexte d'ordre public, l'intention de l'asservissement entier du pouvoir démocratique, en menaçant de la prison ses membres les plus courageux, et en donnant au président, déjà étranger à la chambre par la nomination royale, le pouvoir dictatorial de renvoyer la délibération à la séance prochaine, sans consulter l'assemblée, et de faire violemment exécuter son ordonnance par les huissiers de la chambre, qui, au lieu de jeter dehors les députés, leur doivent du respect. Elle ne se dissimula pas que cette mesure vexatoire, sous prétexte d'empêcher les offenses envers la chambre ou quelqu'un de ses membres ; offenses qui n'ont pas encore eu lieu, était un moyen jeté en avant pour faire naître des scènes, comprimer l'énergie des orateurs, et étouffer le dernier élan de la liberté publique. Il serait bien à désirer que la chambre eût été inspirée par la même sagacité et la même prudence, lorsqu'on lui conseilla de suspendre la liberté individuelle et les autres franchises de la nation : le peuple aurait moins de motifs de mécontentement, l'enrôlement volontaire eût été plus facile et suffisant, et le gouvernement serait plus vigoureux et moins environné de sollicitudes.

5° La chambre des députés, un peu plus nombreuse qu'aujourd'hui, parut trop forte au ministère, et elle fut réduite à la dimension actuelle de 262 membres. Ce premier morcellement n'a pas entièrement satisfait ; on a tenté de se former une chambre de soixante membres, en conférant à ce nombre exigu le pouvoir de valider les délibérations. Les prétextes d'ordre public ne manquent jamais, comme je viens de l'observer. « J'ai à « vous entretenir d'un trouble plus grave en- « core, disait le même jour le président de « la chambre des députés ; c'est celui où une

« minorité dissidente entraînerait par son « éloignement la dissolution de la chambre. « Vous avez, par la loi du 5 février, prévenu « cet inconvénient à l'égard des élections ; il « vous reste à assurer par le même principe « l'existence de cette assemblée, et à parer « le coup mortel qu'on voudrait porter à « l'état ; le moyen d'y parvenir est de fixer, « à l'exemple de la chambre des pairs, le « nombre des députés nécessaires pour valider « les délibérations. Le nombre de soixante « paraîtrait d'autant plus suffisant, que les « matières n'ont pas toujours cet intérêt « qui cause l'affluence. »

Il n'était pas peut-être bien loyal ni bien politique, dès les premières séances de 1817, de prévoir qu'il pouvait y avoir une minorité dissidente ; le ton prophétique n'a pas été heureux, puisque les royalistes et les libéraux se sont réunis pour s'opposer aux infractions de la Charte ; la chambre a, au contraire, regardé comme un principe de dissolution le prétendu principe conservateur. Au lieu de trouver dans la matière des élections un point de comparaison pour mutiler la chambre jusqu'à un cinquième, la chambre s'est rappelé que le ministère ne négligeait ni les instructions, ni les journaux, ni les démarches pour attirer dans les colléges électoraux le plus grand nombre de votans, et elle a dû se défier de cet empressement périodique de réduire la chambre des députés à un *infiniment petit*. Ses sollicitudes durent même être d'autant plus vives que le président venait de demander le pouvoir de renvoyer la délibération à la séance prochaine sans consulter l'assemblée, et de faire expulser les membres de la chambre par ses huissiers, dans le cas de l'offense d'un député envers un ou plusieurs de leurs collègues ou même de la chambre entière. La chambre, loin d'avoir aucun pressentiment qu'une prétendue minorité dissidente voulût *porter de coup mortel à l'état*, se tint au contraire pour avertie que, si elle commençait à se laisser réduire au cinquième par la faculté donnée à ce cinquième de valider les délibérations, le moment ne serait peut-être pas bien éloigné où l'on pourrait se passer de ce cinquième comme des quatre autres cinquièmes ; et elle n'hésita pas de rejeter la prime qui était offerte au désœuvrement, à l'insouciance et à l'infidélité.

C'est ici que le lecteur fera bien de se remettre sous les yeux le morceau déjà cité de

M. le marquis de Boisgelin; et, l'appréciant dans son véritable sens, il trouvera que le noble orateur a eu plus en vue le présent que l'an deux mille deux cent quarante.

La population des trois royaumes réunis n'est que de douze millions d'habitans; la chambre des pairs, en Angleterre, est composée de 426 membres, et celle des communes de 658; total, 1,084 représentans de la nation, dont un par 11,087 habitans, fraction négligée.

En France, la population s'élève, d'après le dernier recensement, à plus de vingt-neuf millions d'habitans. La chambre des pairs est composée de 210 membres, et celle des députés, de 262; total, 472 représentans de la nation, dont un sur 61,440 habitans, fraction négligée.

En ne considérant que l'élément numérique, la représentation de la France est cinq fois et demi plus faible que celle de l'Angleterre.

6° La loi du mois d'octobre 1814, sur la prétendue liberté de la presse, contient un privilége en faveur des membres des deux chambres pour l'impression de leurs opinions.

Cette concession d'une loi d'exception au

pouvoir national me paraît un outrage; la faculté d'imprimer ses opinions découlait péremptoirement de la liberté de la discussion, de la publicité des débats dans la chambre des députés, et du compte que doivent immédiatement à la nation les deux chambres, ses défenseurs-nés, en leur qualité d'élémens du gouvernement représentatif. Mais enfin, cette exception est-elle respectée?

J'ouvre l'opuscule contenant réponse de M. Robert, avocat, rédacteur du journal intitulé *le Fidèle Ami du Roi*, à un fragment du discours prononcé, le 7 décembre 1816, à la chambre des députés, par M. le comte de Cazes, ministre de la police générale. Il n'est pas hors de propos d'observer que l'auteur de cette réponse était alors détenu à la *Force* par ordre de ce ministre.

« De quoi se plaint ce ministre, quant au « journal? Il a levé un impôt, sans droit ni « qualité, à titre de budget secret; on l'a « payé. Tandis que les communes font un « budget national, il en fait un *secret* pour « la police; on a cédé à la force.

« Enfin, il a sévi pour des articles même « approuvés par le censeur; on s'est tu.

« Il a établi un censeur qui a supprimé,

« par ordre, une partie du discours de M. de « Bouville, député, prononcé à la tribune « et livré à l'impression, sur l'évasion de « Lavalette.

« Il a empêché le départ, par la poste, « des opinions de MM. les comtes de Sal« labery et de Labourdonnaye, députés, sur « le même sujet.

« Il nous a enjoint de ne plus parler des « conseils d'arrondissement et des conseils « généraux des départemens, en faveur « des anciens députés revenus dans leurs « foyers, etc.

« Comment, continue M. Robert, faire « concorder tous les faits positifs, et prouvés « par la correspondance ministérielle, avec « cette partie du discours qu'a fait le ministre « de la police générale, dans la séance du 7 « décembre, en proposant une nouvelle loi « d'exception sur les journaux ?

« Résultera-t-il, a dit le ministre, du « droit accordé au gouvernement sur les « journaux, que l'opinion publique soit « muette, que la liberté des discussions po« litiques soit détruite? Cette tribune sera« t-elle donc silencieuse ? Les opinions des membres de la chambre des pairs et de

« celle des députés ne sont-elles pas repro-
« duites et distribuées ? ! ! !

« Pour éviter ces violations, pourquoi les « chambres n'ont-elles pas chacune le jour- « nal de leurs séances, dans lequel on rela- « terait les opinions entières de tous les « orateurs ?

On vient de voir combien sont frêles en France les élémens du gouvernement représentatif ; il est urgent de les augmenter, de les fortifier et de les respecter, pour conserver le balancement des pouvoirs et *éviter les révolutions et le chaos*. Cette nécessité n'avait pas échappé à la haute sagesse du monarque *qui nous avait promis d'ajouter à la Charte toutes les garanties qui pouvaient en assurer le bienfait.*

CHAPITRE II.

Du consentement de l'Impôt.

« Art. 48. Aucun impôt ne peut être éta- « bli ni perçu, s'il n'a été consenti par les « deux chambres et sanctionné par le Roi. »

Il ne peut donc être établi ni perçu par ordonnance royale, puisque la Charte exige une loi, encore moins par une autorité quelconque.

Comment s'exécute cet article? si bien, que le ministère de la police générale, la préfecture de police, les conseils municipaux, les conseils d'arrondissement, les conseils généraux de département *battent monnaie*, malgré la loi qui accuse de *concussion* tout fonctionnaire public qui exige un tribut quelconque.

C'est notamment sur le consentement de l'impôt qu'est basé le gouvernement représentatif, et même l'existence de la chambre des députés. Comment donc cette chambre ne prit-elle pas en considération le discours éloquent et constitutionnel par lequel M. le comte de Labourdonnaye l'avertissait des sommes énormes que la police levait sans le consentement des chambres? C'est que nous ne sommes pas assez conséquens, assez jaloux de nos droits, assez mûrs peut-être, comme on dit, pour le gouvernement représentatif: peut-on se plaindre d'être dépouillé quand on se dépouille soi-même?

Il s'était élevé, de toutes les parties de la

France, des cris d'économie pour alléger le joug; le ministère ne voulut point se donner le mérite de les prendre d'abord en considération ; ce n'est qu'à la longue que l'on admet quelqu'une des mille réclamations ; et encore, lorsqu'il y a une suppression, le produit en est employé à de nouvelles dépenses. Une ordonnance royale, par exemple, supprima les secrétaires généraux de préfecture (1), et une autre ordonnance, qui parut le même jour, distribua une plus forte somme aux évêques et archevêques qui, depuis nombre d'années, avaient une honnête existence. Le moment de la détresse et des tribulations n'était pas à choisir pour augmenter la force des traitemens, non plus que le nombre des siéges d'après le nouveau concordat.

Un membre de la chambre a appelé le droit

---

(1) On aurait plus économisé en supprimant les préfectures et créant des administrations provinciales, qui auraient, dans un certain temps, cicatrisé les plaies faites par les préfectures, et mieux concilié les intérêts du Prince et ceux de la nation. — On n'a supprimé que les payeurs divisionnaires; pourquoi ne pas supprimer les payeurs des départemens ? La même main qui reçoit l'impôt peut acquitter les charges de l'état.

de consentir l'impôt, une *arme défensive* contre la tyrannie, et il a excité la susceptibilité du ministre des finances. Cette qualification est pourtant reçue chez les publicistes; et pouvait-il paraître inconvenant de la rappeler, lorsque déjà on a à se plaindre de ce qu'un ministre a dépassé le budget d'une somme énorme ?

Les abus que je vois se renouveler par des *déficit* annuels, par des excès de dépense en pensions, traitemens, etc., me font naître une inspiration patriotique, et j'ambitionne qu'à côté du consentement de l'impôt pour acquitter la dépense, soit classé le consentement de toute dépense, et qu'il ne puisse en être créé aucune, quelque modique qu'elle soit, que par loi et non par ordonnance. Je crois que, dans un gouvernement représentatif, la nation ne peut être assujettie au paiement d'aucune dépense qui ne soit déterminée par une loi, et que c'est là notamment la limite de la loi. Je crois que l'ordonnance envahit le domaine de la loi, lorsqu'elle établit une dépense, puisque l'ordonnance ne peut avoir d'autre but que l'exécution de la loi : autrement l'ordonnance qui crée la dépense sera plus importante que la loi, et la loi ne sera que le règlement d'administration qui est le but de l'ordonnance. Alors l'ordre dans les finances me paraîtrait impérieux; il ne serait que le contrôle respectif de la recette et de la dépense, le consentement légal de l'impôt et de son emploi.

Je ne me dissimule pas qu'on va crier au dépouillement de la royauté, comme si la royauté ne consistait que dans la libre volonté de la dépense. Loin d'affaiblir la royauté, je veux la fortifier et la sauver peut-être d'une révolution prochaine, en établissant un ordre immuable. Aux prétentions des gros personnages à gros traitemens, qui disent que régler la dépense par des lois, c'est ne faire d'un Roi qu'un facteur ; je réponds que laisser la dépense de l'impôt à la merci du Prince, c'est ne faire d'un Roi qu'un prodigue, et que le consentement de l'impôt devient dérisoire lorsque le Prince n'aurait qu'à indiquer des moyens de dépense qui ne sont point pondérés par la loi, lorsqu'il pourrait, à son gré, changer la nature des dépenses indiquées, établir des *déficit*, et augmenter périodiquement le tribut. Qui de nous donne de la royauté une idée plus digne de respect? On paraît vouloir sans cesse appliquer au gouvernement représentatif les maximes du gouvernement absolu : oui, dans celui-ci, le Souverain ne doit qu'à lui-même compte de l'emploi du tribut qu'il a exigé, parce que pour l'exiger il n'a eu besoin que de sa volonté ; mais, dans le gouvernement constitutionnel, l'impôt ne pouvant être établi et perçu que par le consentement des trois pouvoirs, il conviendrait qu'il ne pût être dépensé que d'une manière légale. Ne confondons pas l'indication que fait le ministère de l'emploi des fonds qu'il a obtenus, avec le consentement et la détermination de chaque espèce de dépense par le concours des trois pouvoirs : indiquer des dépenses, n'est pas les faire autoriser ; d'ailleurs toute dépense inutile est un fardeau pour la nation.

Les partisans de la prérogative royale croient mieux la défendre en cherchant toujours à l'étendre ; et moi, je crois qu'ils l'affaiblissent ainsi, et que je témoigne plus de respect et d'amour à la royauté en la prémunissant contre les dangers qui l'environnent. Qu'au lieu de venir répéter aujourd'hui : *Si veut le Roi, si veut la loi ;* qu'au lieu de vouloir tenir la nation en tutelle, en lui enlevant toutes ses libertés, ils se rappellent ces paroles du bon Henri, qu'*il se met en tutelle* entre les mains des notables pour leur demander leurs avis, leurs conseils. Le descendant du grand Henri sait que l'ordre dans les finances est le principe de la prospérité nationale, et que cet ordre ne peut exister sans l'économie. La place la plus nécessaire à créer serait celle où l'on ne s'occuperait que d'économie et de l'indication de toutes les branches de dépense que l'on pourrait supprimer ; cette place serait pour le trône la source de toutes les bénédictions.

La sévérité dans la dépense donne un genre de gloire qui fait la prospérité des nations et la conquête la plus sûre des peuples. L'histoire ne parle pas favorablement des princes qui ne furent que des fardeaux pour la nation ; mais aussi elle transmet à la postérité les bénédictions que méritèrent les rois bons, justes et économes.

« C'est par le moyen de l'argent, dit l'histoire, que Louis XI chercha surtout à réussir dans ses desseins politiques : il avait augmenté la taille de trois millions. A l'entendre, il ne prenait le bien du peuple que pour épargner son sang, comme si l'on ne pouvait épargner tout à la fois l'un et l'autre. »

Charles VIII était si bon, selon l'historien *Comines*, qu'il n'était pas possible de voir *meilleure créature*. Il voulait vivre de son domaine et réduire les impôts presque à rien ; projet admirable, s'il avait pu s'exécuter !

On bénira toujours la mémoire de Louis XII, parce que, malgré ses guerres et ses disgrâces, il n'ajouta rien aux impôts après les avoir diminués de moitié. On applaudira toujours à ce qu'il disait pour justifier son économie : « J'aime mieux voir les courtisans rire de « mon avarice, que de voir mon peuple « pleurer de mes dépenses. »

Le duc de Savoie demandait un jour à Henri IV ce que la France pouvait lui valoir de revenu : « Elle me vaut ce que je veux, « répondit-il ; oui, ce que je veux, parce « qu'ayant le cœur de mon peuple j'en aurai « ce que je voudrai : si Dieu me donne vie, « je ferai qu'il n'y aura point de laboureur « en mon royaume qui n'ait moyen d'avoir « une poule dans son pot. »

En sa dernière maladie, Louis XIV avoua une partie de ses fautes. Il adressa au jeune prince qui devait lui succéder un petit discours terminé par ces paroles mémorables :

Soulagez vos peuples le plus tôt que vous le pourrez.

Le bon, le vertueux Louis XVI, et la grande Reine qui partagea son infortune comme son trône, firent à l'économie et au soulagement du peuple des sacrifices au delà de toute proportion avec la représentation de la majesté royale. Ce Roi saint ne connaissait que la maxime : *Si veut le bonheur du peuple, si veut le Roi.*

Louis-le-Désiré, en qui l'on distingua dans tous les temps éminemment l'amour de cette sage économie qui rend toujours riche, et qui est le soutien des trônes comme la sauvegarde des familles, établira dans les finances un ordre immuable, ne permettant point qu'il soit levé dans ses états une obole sans le consentement des trois pouvoirs; et il s'astreindra, malgré le langage des courtisans, à ne reconnaître pour légitimes que les dépenses déterminées par des lois. Alors cessera d'être illusoire le consentement de l'impôt.

CHAPITRE III.

Du Consentement de l'Armée.

« La conscription est abolie. Le mode de « recrutement de l'armée de terre et de mer « est déterminé par une loi. » *Art.* 12.

On recrute depuis quatre ans sans qu'une loi organique eût déterminé ce mode de recrutement ; tandis que cette loi organique, comme toutes les autres, devait suivre immédiatment l'émission de la Charte.

Quelles doivent être les bases de cette loi organique ? Une loi, disent tous les publicistes, doit être conforme à la nature du gouvernement, et convenable à la nation qui la reçoit.

Pour que cette loi soit conforme à la nature du gouvernement représentatif, il faut :

1° Qu'elle accorde au souverain les troupes nécessaires en temps de paix et en temps de guerre, autant pour défendre la nation contre toute sédition intérieure, que contre toute attaque au dehors ;

2° Il me paraît que les chambres, à leur tour, doivent consentir tous les ans cette remise de troupes, comme elles consentent l'impôt, pour pouvoir empêcher toute entreprise du pouvoir contre la liberté publique. Mépriser cette dernière garantie, c'est dépouiller le gouvernement représentatif de sa plus belle attribution, de cette attribution qui n'est pas de moindre importance que le consentement de l'impôt; double consentement qui forme l'essence des chambres; double consentement qu'on ne peut jamais séparer, parce qu'avec les troupes on aura toujours le trésor, et qu'avec le trésor et les troupes on pourra toujours asservir un pays.

Pour que cette loi convienne à la nation française, elle doit être basée sur ses usages, sur l'enrôlement volontaire encouragé, au lieu d'être détruit, et par l'absence des primes, et par la facilité du remplacement; elle doit être basée sur ce que la justice doit à la nation en général, comme l'exécution douce et facile de la loi; éloignée de toutes les concussions qui ont accompagné la conscription. Elle doit enfin être basée sur ce que la justice doit aux citoyens en particulier, comme de dégager un remplacé de toute responsabilité une fois que son remplaçant a été reçu au corps; de ne pas laisser exister les procès-verbaux qui constatent les infirmités des familles, pour qu'on n'en abuse pas, afin d'empêcher leur réunion plus intime par des mariages.

On vient de présenter une loi qui a paru rétablir la conscription. On l'a niée, on l'a démontrée, et le parallèle n'a présenté que l'avantage de quelque douceur dans le mode d'exécution.

Nous aurions pensé, avec d'honorables membres de la chambre des députés, que l'abolition de la conscription interdisait tout recrutement forcé, et que l'enrôlement volontaire suffisait pour entretenir au complet les cadres de l'armée, notamment en temps de paix.

Il est vrai que lorsque l'on n'accorde pas de prime à l'enrôlement volontaire, tandis que le remplacement obtient un prix bien supérieur à la valeur de la prime pour le passé, il faut renoncer à l'enrôlement volontaire.

Mais ceux qui se présenteront comme remplaçans n'auraient-ils pas contracté l'enrôlement volontaire s'il eût été encouragé d'une prime, et d'une prime plus forte que celle que l'on accordait, à laquelle auraient volontiers concouru tous les pères de famille qui avaient acquis l'affranchissement de leurs enfans par l'abolition de la conscription? et l'enrôlement volontaire, ainsi devenu suffisant, ne nous aurait pas ramené, en miniature si on veut, tous les excès qui formèrent le cortége de la conscription militaire. D'ailleurs, le recrutement forcé tue la population, en punissant le père de famille et en récompensant le célibataire, tandis qu'un fonds, levé pour la prime de l'engagement volontaire, eût été presque imperceptible pour tant de monde.

Quelle était encore l'inspiration de la sagesse dans le cas où le recrutement forcé devint une loi de l'état? c'était de n'accorder au chef suprême de l'armée, que par votes annuels, les contingens jugés nécessaires. Si le Roi déclare la guerre et fait des traités de paix, il est juste que, sous un gouvernement représentatif, la nation intervienne par le consentement de l'impôt en hommes comme de l'impôt en argent : il est nécessaire même de ne jamais laisser au chef suprême de l'armée des forces au-dessus du besoin, et dont il peut se servir pour appesantir le joug sur son peuple. Il n'échappera pas à la haute sagesse de la chambre des pairs de distinguer si la loi présentée offre cette double sécurité.

Mais que l'enrôlement soit volontaire ou forcé, nous insisterons sur le prompt rétablissement de la patrie ; la nation n'obtiendra pas plus facilement le redressement des griefs, quand l'autorité aura une armée plus forte ; il faut d'ailleurs, pour attacher le soldat au drapeau et lui imposer la victoire, pouvoir lui indiquer la défense des libertés nationales. Si, sous nos Rois, comme depuis la révolution, nos armées eurent si souvent les honneurs du triomphe, c'est que sous nos Rois, comme depuis, la liberté publique et la liberté privée existèrent ailleurs que dans des Chartes.

CHAPITRE IV.

De l'Indépendance judiciaire.

L'INDÉPENDANCE est tellement nécessaire au juge, qu'elle seule peut lui conférer le caractère de magistrat ; s'il dépend d'ailleurs que de sa conscience, ce n'est qu'une créature, un membre d'une commission particulière.

L'indépendance judiciaire repose sur l'affranchissement des circonstances et de l'autorité, sur l'inamovibilité, sur ce que nul ne peut être distrait de ses juges naturels, sur ce qu'il ne peut être créé des commissions et tribunaux extraordinaires, et sur le libre exercice de l'institution des jurés.

1° L'influence des circonstances et de l'autorité sur les cours et tribunaux a excité les plus vives réclamations jusqu'à la tribune nationale; et la justification des ministres n'a pas paru, en faveur des cours et tribunaux, un plus fort argument que certains arrêts et jugemens, et surtout la doctrine des parquets, ne semblent des preuves de leur défaut de liberté.

2° L'inamovibilité des juges est menacée tous les ans, et la conséquence en est funeste pour la liberté publique. A peine a-t-on réorganisé l'ordre judiciaire, qu'on annonça une réduction de cours et tribunaux pour l'année passée, ensuite pour cette année, et l'on vient de laisser pressentir qu'elle serait renvoyée à l'année prochaine. Cette incertitude ne laisse-t-elle pas le magistrat à la dévotion du pouvoir ?

3° « Nul ne pourra être distrait de ses juges « naturels, » porte l'art. 62 de la Charte, et cependant, depuis plusieurs années, des Français ont été enlevés à leurs juges naturels par des ordonnances et par des lois d'exception. La France entière fut sous la prévention de la police générale, et celui qui ne fut que suspect fut plus malheureux que celui qui put paraître coupable, puisque ce dernier obtint des juges et put être déclaré innocent.

4° « Il ne pourra, porte l'art. 63, être « créé de commissions et tribunaux extraor- « dinaires. Ne sont pas comprises sous cette « dénomination les juridictions prévôtales. » Par l'organisation des cours prévôtales, la seconde partie de l'article détruit la première, et c'est comme s'il y avait : il ne pourra être créé de commissions et tribunaux extraordinaires à moins qu'on ne leur donne le nom de *juridictions prévôtales*. Le sens de cet article est ambigu comme celui des oracles de l'antiquité, à moins que l'on n'eût conservé le jury dans la composition de ces cours. Qu'est-ce en effet qui constitue la commission ou le tribunal extraordinaire? l'exclusion du jury. Tel était le caractère principal des cours spéciales de Napoléon : peu importe qu'il y eut des juges militaires, et que dans les cours prévôtales il n'y ait de militaire que le grand prévôt; peu importe même que les cours prévôtales soient composées des juges naturels des prévenus; l'institution tutélaire du jury en est exclue : les cours prévôtales ne sont que des commissions, des tribunaux extraordinaires.

5° L'article 65 conserve d'une manière absolue l'institution du jury et n'en suspend l'exercice en aucune circonstance : l'exclusion du jury dans les cours prévôtales est donc une violation de l'article 65.

Comme dans un gouvernement représentatif la nation partage la puissance législative, elle concourt aussi à l'administration par les conseils municipaux, d'arrondissement et de département, et à l'exercice du pouvoir judiciaire par le jury. « Toute justice émane « du Roi, porte l'article 57 ; elle s'administre « en son nom par des juges qu'il nomme et « qu'il institue. » Mais l'institution royale du juge est tempérée par l'institution nationale du jury. Loin d'en suspendre ou d'en restreindre l'exercice dans les affaires criminelles, ainsi qu'on l'a fait, soit en privant les cours prévôtales du jury de jugement, soit en transportant aux cours royales le jury d'accusation, cette institution salutaire, sauvegarde de l'ordre social, non-seulement rentrera un jour dans son domaine, mais elle étendra peut être sa conquête jusqu'aux affaires civiles.

CHAPITRE V.

De la responsabilité des Ministres.

Il y a quatre ans que cette loi organique devrait exister, et elle n'existe pas encore. On nous rassure en substituant, pour ainsi dire, la responsabilité morale à la responsabilité légale.

« Il y a, disait le ministre de la police générale dans la chambre des députés en 1817, il y a une responsabilité plus grande que celle de la loi; c'est cette responsabilité morale qui n'est pas seulement dans la bouche du magistrat, mais dans sa conscience, sur laquelle le public le juge, et sans laquelle il ne peut obtenir aucune considération, ni publique, ni personnelle. Ce n'est pas en vain qu'on peut l'invoquer; vainement aussi prétendrait-on s'y soustraire. »

Le 3 février de la même année, en développant les motifs du projet de loi sur la responsabilité des ministres, le garde des sceaux exposa que, malgré l'utilité des dispositions qu'il contenait, la responsabilité morale serait toujours plus puissante que la responsabilité pénale pour contenir les ministres dans les règles du devoir et de l'honneur.

Cela est très-rassurant, mais l'exécution de la Charte l'est davantage, et il est urgent que la loi organique soit faite.

Mandataires de la nation, zélés défenseurs de la prérogative royale, cessez de négliger la prérogative nationale. Avant de statuer sur le budjet, exhumez de vos archives le projet de loi sur la responsabilité ministérielle qui vous fut présenté l'année dernière par le gouvernement, et assurez à la nation la responsabilité des ministres.

Ainsi vous rétablirez et consoliderez l'empire de la Charte, et l'on n'osera plus vous présenter l'arbitraire sans la forme légale.

Ainsi votre pouvoir ne sera plus méconnu et vous serez respectés. Un ministre ne viendra pas troubler votre discussion en vous disant que le Roi n'adoptera pas un amendement qui n'existe pas encore; un autre ne vous répondra pas qu'il ne vous doit pas de renseignemens, quand vous lui en demanderez pour l'exécution de quelque article de la Charte; et, lorsque vous démontrerez que le ministère met la nation à deux doigts de sa perte par un gouvernement contraire à la loi fondamentale, il n'osera plus vous répéter que la *marche du gouvernement ne changera pas de sitôt*. Le Roi était plus consolant dans sa proclamation datée de Cambrai, le 28 juin : « Mon gouvernement a dû faire des fautes, « disait S. M., peut-être en a-t-il fait; il est « des temps où les intentions les plus pures « ne suffisent pas pour diriger, où quelque-

« fois même elles égarent ; l'expérience seule « pouvait avertir, elle ne sera pas perdue. »

L'exercice du droit le plus précieux dans un gouvernement représentatif, du droit d'examen de l'administration publique, a souvent paru une offense au ministère.

Sans doute on doit respecter le ministère et les ministres ; quoiqu'offenser le ministère ne soit pas offenser le Roi, il ne s'ensuit pas moins que le ministère et ses membres n'aient droit au respect et aux égards des administrés ; mais il ne faut pas croire non plus que ce soit une offense envers le ministère que de relever ses fautes ou ses erreurs. Autrement, pour se débarrasser des importuns qui réclameraient l'octroi des franchises nationales ou particulières, les transgresseurs de la Charte n'auraient qu'à se trouver offensés, et, enveloppant les opprimés dans la *formule de manque de respect*, ils feraient condamner par récrimination les plaignans, comme perturbateurs de l'ordre public, comme des apôtres de l'outrage et de la calomnie. Ainsi le coupable ne serait plus celui qui opprimerait, mais celui qui serait opprimé ; ce ne serait plus celui qui transgresserait la Charte et la loi, mais celui qui se plaindrait de leur infraction; celui qui manquerait de respect au Roi serait celui qui réclamerait la jouissance des libertés octroyées par la munificence royale, et non celui qui aurait dépouillé la nation de ces libertés. La responsabilité ministérielle alors, loin d'exister, se changerait en la responsabilité nationale et particulière, pour s'être plaint des spoliations qui auraient détruit la liberté publique et individuelle.

Telle fut toujours la marche du despotisme de traiter le plaignant comme un coupable, pour lui imposer silence; mais le despotisme a une marche franche, il ne donne point des libertés pour les retirer; il se livre à l'arbitraire, parce que tel est son bon plaisir; les lois libérales n'y sont pas un piége, il n'en existe guère et personne ne les invoque; on ne réclame pas non plus contre l'arbitraire, parce qu'il est l'essence du gouvernement; et, s'il existait une pareille réclamation, le gouvernement ne nierait pas l'arbitraire, en disant : *Où donc est-il, cet arbitraire?* mais, en y persévérant, puisque sa volonté fait la loi, il ferait punir celui qui, par sa plainte, se montrerait plus digne du gouvernement représentatif. Ici tout est loyal et généreux; ici existent des droits réciproques entre le gouvernement et les gouvernés ; le respect de ces droits réciproques fait la force de la nation et du gouvernement ; la violation de ces droits ne compromet pas moins le gouvernement que la nation.

Respectons donc le ministère et les ministres, mais ne confondons pas avec une prétendue offense l'exercice du droit le plus sacré.

CHAPITRE VI.

De la liberté de la frontière.

Nous n'avons parlé jusqu'ici que de la liberté publique dans l'intérieur du royaume ; mais peut-elle exister, si la nation est en tutelle au dehors comme au dedans ?

. . . .

Le Roi a flatté son peuple de l'espérance de voir prochainement la frontière libre... Puisse le gouvernement trouver quelque moyen de replacer la France au rang des nations, en libérant sa frontière !

Mais, fasse le ciel que, si la nation doit être encore en tutelle au dehors, la liberté publique au moins ne soit plus outragée dans l'intérieur! Pour reprendre son rang parmi les nations, la France doit redevenir une nation; et elle ne peut redevenir une nation qu'en recouvrant l'exercice de ses libertés qui constituent la nation plus que le territoire.

« C'est dans l'usage de ses libertés réglées par « une législation ferme et tutélaire, dit M. le « marquis de Boisgelin, que nous avons « déjà cité, qu'une nation acquiert les vertus « qui doivent assurer son repos, la rendre « respectable à ses alliés, et fonder la gloire « de ses chefs. Mais lorsque chaque jour lui « apprend qu'elle ne peut pas encore espérer « ce qu'elle a le droit d'attendre; lorsqu'en « invoquant des promesses, elle reçoit pour « toute réponse ce mot toujours le même, « *circonstances graves*, qui peut assurer que « le moment où elle entrera en jouissance « de ses droits sera celui qui lui avait été « réservé par l'autorité? »

N'oublions jamais que le Roi n'accorda les libertés constitutionnelles qu'au *besoin réel* de la nation; qu'il déclara qu'il ne souffrirait jamais qu'il y fût porté atteinte, et qu'il regarderait comme un attentat et une provocation à la rébellion leur violation directe ou indirecte.

TITRE III.

De la Liberté particulière.

Lorsque, dans un gouvernement représentatif, la liberté publique n'existe plus, la liberté particulière, ne trouvant plus de défenseurs, ne tarde pas à être envahie par le pouvoir dominant. Il arrive même presque toujours que la liberté particulière expire la première; les corps institués pour la défendre la laissent usurper, ne prévoyant pas que leur complaisance sera bientôt suivie du sacrifice de leur existence ou de leurs principales attributions, du moins, ce qui est encore plus dangereux. Alors, malgré son asservissement, le peuple croit toujours jouir de ses institutions, tandis qu'il n'en reste que l'ombre; le despote a même le talent d'en faire désirer la suppression totale par l'odieux des mesures qu'il impose aux premiers corps de l'état, en les rendant les auteurs ou les complices de ses exactions politiques et financières.

D'après la Charte constitutionnelle, la liberté particulière est fondée :

Sur l'égalité des Français devant la loi ;

Sur leur contribution dans la proportion de leur fortune ;

Sur leur égale admission aux emplois civils et militaires ;

Sur la garantie de la liberté personnelle ;

De la liberté de conscience ;

De la manifestation de ses opinions ;

De l'inviolabilité de la propriété ;

De l'oubli des opinions et des votes jusqu'à la restauration ;

Sur la liberté des enfans ;

Et sur le droit de pétition.

CHAPITRE PREMIER.

De l'égalité des Français devant la loi.

« Les Français sont égaux devant la loi, « porte l'article premier de la Charte, quels « que soient d'ailleurs leurs titres et leurs « rangs. »

Cet article est entièrement méconnu; les agens de l'autorité surtout sont des maîtres absolus, parce que l'on a inutilement recours à l'autorité supérieure.

L'ex-premier président de la cour royale de Toulouse, M. le baron Désarars, voulut retenir malgré elle à son service une estimable personne devenue la femme de chambre ou plutôt la dame de compagnie de sa femme. Pour mieux la mettre dans la nécessité de rester dans son hôtel, et lui fermer les autres maisons de la ville, il fit planer sur sa tête le soupçon du vol, quoiqu'elle le harcellât depuis plusieurs jours de recevoir le compte de tout ce qui lui avait été confié, et qu'il ait depuis signé le reçu de tous ces effets en linge, argenterie, etc.; il la tint en chartre privée en son hôtel, et il la fit ensuite mener en prison, secondé par la connivence de l'homme de la police.

Un avocat prêta sa plume à cet être faible et vertueux ; cette demoiselle adressa à M. le premier président une lettre signée d'elle seulement, dans laquelle, après s'être plainte de ses calomnies et de la violation de sa liberté, elle lui demandait une modique indemnité pour tant de vexations.

Le premier président, pour priver sa victime d'un défenseur, et trouver sa sécurité dans son silence, envoya l'ordre à un tribunal d'interdire l'avocat qui n'avait pas signé cette lettre, et jamais Hospodar de la Valachie ne fut plus servilement obéi ; l'avocat fut suspendu de ses fonctions pour six mois ; il fut victime pour avoir secouru une victime. Ainsi, lorsque tous les anciens et nouveaux monumens de jurisprudence et de législation rappelaient à l'avocat son devoir de *faire pâlir le crime devant la vertu*, le premier président qualifia *insolence* la noble liberté de la profession; le tribunal cria aussitôt à *l'insolence*, et, renchérissant sur l'accusation, il déclara, sans aucune vérification des faits, l'avocat calomniateur.

L'avocat appela à la cour royale de la décision de l'aréopage qui l'avait interdit; le premier président le fit prier plus d'une fois de renoncer à son appel, protestant qu'il ne serait pas fait suite à la peine prononcée : mais l'avocat ne put déférer à une pareille proposition, ne voulant ni compromettre l'indépendance du barreau, ni abandonner l'innocence persécutée.

Le premier président et le tribunal qui lui servit d'instrument, ne pouvant obtenir de l'avocat un silence volontaire, se permirent tout pour le lui extorquer; ils violèrent à son égard la liberté de la presse (comme le premier avait violé la liberté individuelle dans sa prisonnière), et l'avocat ne put faire imprimer le mémoire justificatif à l'appui de son appel; il fut de plus exposé à mille avanies et à de nouvelles persécutions, pour le forcer à quitter le pays, ses ennemis espérant sans doute trouver le silence dans son éloignement.

La demoiselle se plaignit à M. le procureur général, à M. le directeur général de la police du Royaume, et à S. Exc. monseigneur le chancelier de France. Le procureur; général fut le complice du premier président t le directeur général de la police ne lui fia pas de réponse, et le chancelier lui refusa son appui ; elle voit dépérir tous les jours la preuve de l'attentat commis sur sa personne.

L'avocat, depuis trois ans, supplie périodiquement la cour royale de réparer les iniquités dont il a été l'objet, et il attend encore cette satisfaction de la justice.

Ainsi les titres et les rangs, au mépris de la Charte, détruisent l'égalité des Français devant la loi.

Mais, dira-t-on, ce sont là des cas particuliers dont il ne faut pas raisonner ; il y a toujours eu des excès, il y en aura toujours : le principe de l'égalité des Français devant la loi n'est-il pas consacré par la Charte ?

Ce raisonnement pourrait avoir quelque mérite si ces faits étaient isolés, et si les victimes n'avaient pas cherché un asile auprès de l'autorité supérieure; mais combien de milliers d'actes arbitraires depuis quatre ans ! et combien de recours inutiles aux principaux dépositaires de l'autorité ! De ce qu'il y a toujours eu des excès, faut-il souffrir qu'il y en ait plus que jamais, lorsque le Roi, de qui émane toute justice, a donné à son peuple les garanties nécessaires contre les vexations de l'autorité?

Tant que les chambres n'exigeront pas la responsabilité des ministres, tant qu'elles laisseront au ministère la faculté d'étouffer toute réclamation, en lui accordant le droit de tuer la pensée, tant qu'elles rendront illusoire le droit de pétition, en passant constamment à l'ordre du jour, ou en renvoyant les plaintes aux ministres inculpés, l'arbitraire dominera, et les libertés publiques et particulières demeureront ensevelies dans la Charte. « Ce n'est pas qu'il ait manqué et « qu'il manque par toute la France d'actes « arbitraires, d'abus odieux, disait le mar- « quis de Chauvelin à la chambre des dé- « putés. » Voyez encore Dupont de l'Eure, séance du 2 mars.

CHAPITRE II.

De la Contribution dans la proportion de la fortune.

« Ils contribuent indistinctement, dans « la proportion de leur fortune, aux charges « de l'état » *Art.* 2.

A quelques erreurs près, je crois bien que cet article s'exécute entre contribuables ; mais l'énorme disproportion de la contribution actuelle à la contribution ordinaire suspend l'exécution de cet article en détruisant toute proportion entre la fortune et la contribution, ruine la propriété et rend la misère générale.

Que faire contre la fatalité qui exige cet impôt extraordinaire ? écouter la justice. Comment justifier la violation des franchises nationales, à une époque où la nation se prive du nécessaire pour acquitter le tribut consenti aux alliés par le traité de paix ? Comment excuser l'arbitraire, lorsque les orateurs des deux chambres ont si énergiquement, si éloquemment déploré l'asservissement de la patrie ? Au lieu de traiter comme des *Ilotes* les Français qui se consolent de leur gloire par leur exactitude à remplir l'engagement de leur Roi, n'était-il pas juste, n'était-il pas politique de les dédommager par l'exécution religieuse de la Charte ? n'était-il pas du moins généreux, pour qu'ils ne perdissent point de temps à l'invoquer, de convenir et de leur apprendre que la dictature avait remplacé pour un temps le gouvernement constitutionnel ?

CHAPITRE III.

De l'égale admissibilité aux emplois civils et militaires.

« Les Français sont tous également admissi-« bles aux emplois civils et militaires. » *Art.* 3.

Voilà encore un droit stérile qui n'a d'autre mérite que de se trouver enchâssé dans la Charte constitutionnelle.

En 1814, après le retour des Bourbons, tous ceux qui depuis long-temps occupaient des places, cherchèrent, comme de raison, à les garder, en invoquant un système de *fusion*. Malgré le cri d'épuration que la prudence faisait entendre, malgré le cri d'épuration qui, au retour de Gand, partit de tous les points de la France, et fut répété à la tribune nationale, ceux qui avaient les places les gardèrent, à moins que l'économie ne prononçât quelque suppression; et les titulaires qui, d'abord, invoquaient timidement la *fusion*, devinrent depuis assez forts pour prononcer *l'exclusion* de ceux qui s'étaient exposés à tous les dangers pour le rétablissement de la royauté. La conséquence est que, pour avoir une place dans une administration, il faut en avoir eu du temps de Bonaparte, ou appartenir à quelqu'un qui en eut ; la conséquence est que, d'après la hiérarchie administrative, les premières et les meilleures places ne peuvent appartenir qu'à ceux qui furent placés du temps de Bonaparte. Le droit d'admissibilité est repoussé par le fait de la non admission, et la France est administrée aujourd'hui par les chefs et les sous-ordres nommés par Bonaparte. Il est inutile d'insister sur un point généralement reconnu, et qui excite tous les jours le rire convulsif de ceux qui crurent d'abord devoir être remplacés par ceux qu'ils appelaient, d'une manière dérisoire, les *Fidèles*.

Oubli et *union*, dit le Roi ; le vœu du Roi doit être le vœu de nos cœurs. Mais comment ose-t-on rendre inutiles tous les efforts de ce bon Roi pour ne faire qu'une famille de tous ses sujets ? Sa Majesté avait trouvé le moyen de *resserrer les nœuds d'une confiance mutuelle, en prenant un seul et même point de ralliement.* « Nous l'avons trouvé dans la Charte « constitutionnelle que nous avons promis

« d'observer et de faire observer à jamais; « qui est notre ouvrage libre et personnel, « le résultat de notre expérience et *le lien « commun que nous avons voulu donner aux « intérêts et aux opinions qui ont si long- « temps divisé la France.* » Ordonnance du 9 mars 1815.

Lorsqu'il ne faut qu'exécuter les intentions personnelles du Roi, pour rendre la France heureuse, par quelle fatalité sommes-nous constamment privés du résultat de l'expérience royale? Pourquoi rompt-on depuis si long-temps et tous les jours *le lien commun* que le Roi avait donné aux intérêts et aux opinions qui ont depuis si long-temps divisé la France? Que ne nous rend-on la Charte constitutionnelle que le Roi a promis d'observer et de *faire observer à jamais?* Alors seulement il y aura *oubli* et *union*, parce que les Français auront un lien commun, un point de ralliement, un signe d'alliance.

L'oubli et l'union seront cimentés par l'exécution de l'art. 3 de la Charte; il y aura distribution impartiale de grâces, de faveurs et d'emplois, parce que le Roi ne gouverne qu'un peuple, et que les Français sont ses enfans.

CHAPITRE IV.

De la garantie de la Liberté personnelle.

« LEUR liberté individuelle est également « garantie ; personne ne pouvant être pour- « suivi ni arrêté que dans les cas prévus par « la loi et dans les formes qu'elle prescrit. » *Art.* 4.

Malgré cette garantie, la France a été depuis plusieurs années sous la verge du ministère de la police générale ; on a été arrêté, détenu au secret, enlevé à ses juges naturels, etc.

Il ne faut pas justifier ces violations par l'existence d'une loi, parce qu'il ne peut jamais être fait de loi contraire à la Charte constitutionnelle. C'est même un arbitraire envers la loi que de prostituer son saint caractère pour commettre en son nom des injustices en toute sécurité ; c'est vouloir les fruits du despotisme ministériel, sans courir les chances de la responsabilité ; mais je me trompe : une loi destructive de la loi fondamentale n'enlève pas un ministre à la responsabilité constitutionnelle. Le Roi a déclaré *attentat* et *rébellion* toute entreprise directe ou indirecte contre la Charte.

L'arbitraire d'autrefois était moins déhonté, parce qu'il n'attaquait pas la nation en masse, et qu'on ne l'autorisait pas du masque de la loi. Les lettres de cachet, à peu d'exceptions près, étaient encore un hommage à la moralité; elles n'atteignaient que quelques mauvais sujets pour dérober à l'infamie quelques familles distinguées, toujours menacées du déshonneur par des enfans sourds et rebelles aux conseils de la sagesse paternelle.

Est-il d'ailleurs rien de plus criant et de plus impolitique que d'enchaîner toute une nation dont le premier besoin fut et sera toujours de prouver à son Roi son amour et son dévouement sans bornes, pour quelques brouillons qui seraient les ennemis de tout gouvernement, parce qu'ils ne savent vivre que dans le désordre?

Tous les ans néanmoins le ministre de la police générale vient renouveler la demande de la continuation de sa dictature; et, pour l'obtenir, il s'évertue à relever l'usage *si peu rigoureux* de la loi d'arbitraire; mais plus son bordereau est en taille-douce, et plus les lois d'exception sont inutiles. Cette année, par exemple, M. le comte de Cazes a dit : « Mais mérite-t-il d'être accusé d'arbitraire, « le gouvernement qui a fait un usage si peu « rigoureux de la loi d'arbitraire, que cinq « personnes seulement en ont été atteintes ? « cinq, et le ministre ne craint pas d'être « démenti : une à Lyon, une dans la Côte-« d'or, une dans la Sarthe, deux à Paris. »

Quoi ! Excellence, vous n'avez pu venir à bout de cinq personnes disséminées dans quatre départemens, avec l'armée, la gendarmerie, les codes, les cours d'assises, les cours prévôtales et les tribunaux correctionnels ? Quoi ! il vous a fallu encore une loi d'arbitraire pour contenir cinq personnes ? Il paraît que le ministère de la police générale n'aurait pas fait le monde de rien, puisque, pour des besoins aussi exigus, il lui a fallu des moyens aussi énormes.

Mais cessons de nous inquiéter ; le ministre ajoute aussitôt : « Et de ces cinq, toutes « sont libres depuis plusieurs mois, et n'en « sont pas restées plus de trois en prison. » Vétille que trois mois de prison, surtout lorsque l'on ne peut recevoir que le reproche de sa vertu et de sa fidélité, et que l'on ne paraît suspect que par la délation de quelque homme dangereux qui vous sacrifie à son ambition ou à sa vengeance.

Ah! lorsque le ministre relève l'usage si peu rigoureux de la loi d'arbitraire, peut-il se dissimuler la terreur générale sous laquelle a gémi la nation devant le pouvoir dictatorial remis en ses mains? et cela, à une époque où tous les sacrifices, où toutes les plaies obtiennent la résignation la plus héroïque? Voyant si peu de danger, le ministre n'aurait-il pas pu satisfaire sa belle ame en rentrant de lui-même dans le droit commun, et en prévenant l'expiration de cette loi, d'après lui, propre à ramener *les révolutions et le chaos*, parce qu'elle a détruit la balance, et qu'elle a élevé un pouvoir aux dépens de l'autre?

Lorsque, pour obtenir le pouvoir de suspendre la liberté individuelle, le ministre n'a pas manqué de citer la suspension de l'*habeas corpus*, n'aurait-il pas dû se faire un mérite d'imiter lord Sidmouth qui, en proposant à la chambre des pairs l'abrogation de la suspension de l'*habeas corpus*, fit remarquer l'empressement que le ministère mettait à rendre à la nation ses libertés constitutionnelles ? « L'acte de suspension, dit le ministre « anglais, n'expirait que le premier mars, « et il est d'usage de laisser les actes du par- « lement, de cette nature, en vigueur jus- « qu'à leur dernier terme. Si les ministres « aimaient le pouvoir arbitraire, comme on « l'a supposé, ils auraient conservé ce pou- « voir le plus long-temps qu'ils pouvaient. « Au contraire, ils y renoncent plus tôt qu'ils « ne devaient le faire ; leur motif est le même « que celui qui les avait engagés à demander « ce pouvoir extraordinaire, le bien public. »

Si le ministre en Angleterre a cru pouvoir se montrer généreux en prévenant l'expiration de la loi d'exception, il ne devait pas sans doute exister, dans les trois royaumes unis comme en France, cinq personnes suspectes au pouvoir. Mais je me ravise : ces cinq personnes ont cessé d'être suspectes puisqu'elles ont dû être rendues à la liberté, et néanmoins, malgré cette constatation de l'inaltérabilité de l'ordre public en France, il a fallu, jusqu'au 1er janvier 1818 où la loi d'exception a expiré, que le citoyen que l'on voulait trouver suspect fût plus malheureux que celui qui aurait paru coupable, puisque ce dernier obtenait des juges et souvent la reconnaissance de son innocence et le recouvrement de sa liberté.

Mais il faut savoir, puisqu'on nous cite l'Angleterre, que le respect pour le Roi est tel que jamais, sous prétexte de bien public, le ministère ne se permettrait de provoquer des lois d'exception à la Charte, si le Roi avait déclaré *qu'il ne souffrirait jamais qu'il y fût porté atteinte*, *et s'il avait qualifié attentat et rébellion toute entreprise directe ou indirecte qui tendrait à ébranler la confiance à la Charte constitutionnelle.* Mais il faut savoir que, dans cette Angleterre que l'on nous cite seulement pour des exemples qui ne sont pas à imiter, les chambres demandent compte au ministère de l'usage du pouvoir extraordinaire remis en ses mains, et que les ministres ne sont point libres de sortir d'embarras, en répondant aux chambres qu'ils n'ont pas de compte à leur rendre du dépôt qu'elles leur avaient confié. Si les chambres sacrifient un instant l'exercice de la Charte (ce en quoi elles ne doivent jamais être imitées), le remède du moins est à côté du mal, parce que les chambres y jouissent du droit de demander compte aux ministres de l'emploi du pouvoir extraordinaire, qu'elles exercent ce droit, et que la responsabilité ministérielle n'y est pas un songe.

Au lieu de rentrer plutôt sous le régime constitutionnel, le ministre a mieux aimé se livrer à la dénégation de ce qui était l'objet de la souffrance générale, et que chacun pouvait réfuter en disant : *Je souffre.* Je ne me suis jamais éloigné de la Charte, dit-il, et le ministre de l'intérieur dit que le peuple la réclame sans cesse. *Où donc est l'arbitraire?* s'est-il écrié à la chambre des pairs ; l'unique réponse à faire au ministre, c'est de lui demander : *Où donc est la Charte?*

CHAPITRE V.

De la liberté de conscience.

« Chacun professe sa religion avec une « égale liberté et obtient pour son culte la « même protection. » *Art.* 5.

Et les billets de confession que l'on exige pour accorder quelque secours de bienfaisance, à l'insçu sans doute de l'autorité? c'est placer le besoin entre la faim et l'hypocrisie; c'est porter à la prostitution du Saint des Saints pour obtenir quelque morceau de nourriture matérielle; c'est violer indirectement la liberté des cultes et des consciences.

Et le nouveau concordat qui détruit entièrement les libertés de l'église gallicane? Les chambres pourraient-elles approuver aujourd'hui le concordat de François Ier et Léon X, à l'adoption duquel s'opposèrent le parlement et l'université de Paris? (1)

---

(1) L'université de Paris alla jusqu'à retirer le diplôme à tout imprimeur ou libraire qui imprimait ou vendait ce concordat. Quelqu'un, lisant cet excès de pouvoir, se récriait avec raison contre le despotisme de l'université. Cela prouve qu'on lit plus judicieusement l'histoire ancienne que celle de nos jours. Sommes-nous plus sages aujourd'hui d'accorder ce droit de retirer les diplômes aux imprimeurs et aux libraires, le droit de vie et de mort sur les journaux, sous prétexte qu'ils ont besoin d'une législation particulière; d'accorder enfin le droit indéfini d'enchaîner la presse à la police générale, au pouvoir qui, de sa nature, est le plus ombrageux, le plus soupçonneux, le plus inquisitorial, le plus destructif de tous les droits et de toutes les libertés, parce que, pour poursuivre les outrages aux bonnes mœurs, à la religion, à l'ordre public et à la loi, il prétend n'avoir à suivre d'autre code que

« Les ministres de la religion catholique, « apostolique et romaine, et ceux des autres « cultes chrétiens reçoivent seuls des traite- « mens du trésor royal. » *Art.* 7.

Le haut clergé avait de quoi subsister honorablement depuis le concordat de 1801 : dans l'état de détresse où se trouve la France, il a été fait pour lui au delà des moyens de la nation. Malgré tout respect pour la religion et les ministres des autels, la sagesse semble conseiller de renvoyer à des temps moins malheureux la réédification des anciens siéges, l'établissement des dotations qui peuvent ne pas paraître à tout le monde des traitemens, comme dit la Charte; la sagesse semble même conseiller d'essayer avec la cour de Rome un nouveau concordat qui convienne mieux au ton du siècle, à l'indépendance nationale, et aux libertés de l'église de France.

---

celui de sa volonté? D'où peut venir cette prétention exorbitante, lorsque les tribunaux ne peuvent juger que d'après la loi, lorsque les corps administratifs doivent baser leur décision sur la loi, lorsque le Roi doit régner conformément à la loi?

CHAPITRE VI.

De la manifestation de ses opinions.

ARTICLE PREMIER.

De la Presse.

On ne perdra pas de temps à parler ici des avantages de la liberté de la presse, ni de toutes les arguties employées contre elle par le ministère et les partisans de l'autorité. C'est un procès gagné : le Roi l'a souverainement jugé par l'art. 8 de la Charte : « Les « Français ont le droit de publier et de faire « imprimer leurs opinions, en se confor- « mant aux lois qui doivent réprimer les « abus de cette liberté. »

Il n'est personne qui n'admira en 1814 le rapport éloquent et le résumé lumineux de M. Renouard, rapporteur à la chambre des députés. Néanmoins, l'abbé de Montesquiou,

(1) Dans la session de 1817, M. Faget de Baure, malgré l'étendue de ses talens, resta loin derrière le rapporteur de 1814; il lui fallut plusieurs fois remettre

ministre de l'intérieur, eut le déplorable avantage de la victoire, et prit ainsi l'initiative de la catastrophe des cent jours, en releguant la vérité au fond d'un puits.

Quoique la liberté de la presse soit également la sauve garde du trône et de la nation, le ministère seul intéressé à l'étouffer à cause de sa responsabilité, parce que l'importune éclaire de la manière la plus incommode la marche de l'administration, le ministère veut que nous ne sachions rien; la seule science de la France sera de payer des contributions et de ne jamais connaître sa situation. Il sem-

---

sur le chantier son rapport toujours improuvé par la commission. L'amour-propre blessé et le chagrin le jetèrent dans la maladie qui l'emporta; il y eut complication de mal: l'ambition et le ministérialisme donnèrent à sa maladie le caractère alarmant de la malignité, et il succomba sans pouvoir expier dans le *résumé* la maigreur de son rapport distingué par l'absence, de toute censure libérale du projet présenté, et de toutes ces heureuses inspirations qui appartenaient à la matière. Pourquoi se chargea-t-il et le chargeait-on de ce rapport, lui qui s'était tant de fois prononcé contre la liberté de la presse? Lambition flétrit le talent et le frappe de stérilité; on ne peut d'ailleurs être éloquent contre le cri de sa conscience. *Vir bonus dicendi peritus.*

ble mettre tous les ans tous ses soins à convaincre le peuple français du grand sens renfermé dans ces mots mémorables dits par Malesherbes à un de nos princes : *La vérité est donc bien terrible, puisqu'on prend tant de précautions pour l'empêcher de paraître.*

Le ministère trouve plus simple de perdre toutes les années le temps à faire des lois d'exception et à assister à de très-longues discussions sur ses prétendus projets de liberté de la presse, que de faire un projet de loi organique de la Charte.

Il faut tellement s'abstenir de toute mesure préalable, que, malgré l'exception expresse contenue dans la loi, on a privé un justiciable de l'impression d'un mémoire sur procès, parce qu'il plaidait contre une partie puissante.

Mais cela est peu étonnant, lorsqu'on a vu la police, malgré l'exception de la même loi en faveur des opinions des membres des chambres, empêcher l'insertion et le départ des opinions de quelques membres de la chambre des députés.

Le gouvernement a encore présenté cette année aux chambres un de ces projets d'enchaînement que l'on revêt toujours du nom de *liberté*. Après la discussion la plus forte contre le projet des ministres, après la plus molle et la plus insipide défense de ce projet, la chambre leur a encore sacrifié la Charte.

Dans cette discussion, la chambre a du moins fait ses efforts pour diminuer le mal et pour éviter ces condamnations qui semblent attester le peu d'indépendance de l'ordre judiciaire ; elle a voulu, en amendant le projet, y intercaler l'application du jury ; les partisans même du ministère ne défendaient qu'à cette condition la continuation de la dictature sur la presse. C'est alors que l'on a vu le ton ministériel excéder les égards dus à la dignité de l'assemblée : le ministre de l'intérieur a déclaré que le Roi n'accepterait pas cet amendement, qui n'était pas encore un amendement, puisqu'il n'était que proposé dans la discussion. Le ministre de la police générale a accusé l'assemblée d'attenter à l'initiative par cet amendement qui dérangeait un peu l'arbitraire de son système ; il a reproché à la chambre de demander une concession au pouvoir royal dans le moment où il venait en imposer une au pouvoir national ; et, affectant une régularité rigoureuse au moment où il venait demander qu'on lui sacrifiât la Charte dans l'article qui est la sauve garde de toutes les franchises nationales, il représentait l'impossibilité d'appliquer aux *délits* le jury réservé au jugement des *crimes*, comme s'il y avait plus de danger à améliorer la législation par une exception salutaire qu'à continuer à détruire la Charte par une exception désastreuse.

La fausse doctrine des amendemens l'emporta encore, et l'institution du jury fut écartée.

Le respect superstitieux d'un des trois élémens de la puissance législative, pour une autre de ses branches, porta la chambre à transiger encore sur une matière inaliénable; influencée par le ministère qui rejetait expressément sur elle la responsabilité de son refus, si elle n'acceptait pas la prétendue amélioration proposée.

La chambre adopta encore une loi d'exception, au lieu de répondre au ministère que chaque pouvoir était responsable (1) dans le cercle de ses attributions, et que la chambre qui n'avait pas l'initiative ne pouvait répondre d'un mauvais projet de loi,

---

(1) Je n'entends parler ici que de la responsabilité d'opinion, quant aux chambres.

que c'était au ministère à réparer le mal et à en préparer un meilleur avant la fin de la session.

C'est ici le lieu de relever une marche qui a étonné tout le monde. Le projet de loi, composé de 27 articles, était relatif à la presse en général dans les premiers vingt-six; le vingt-septième ne se rapportait qu'aux journaux. Le ministère trouva moyen de faire scinder la matière, de faire deux projets d'un seul, de détacher les journaux des autres productions de la presse.

Cette première victoire était assez insignifiante par elle-même; mais elle était le prélude d'un triomphe plus important caché, pour la foule, toujours sous le masque de l'ordre public. La loi sur la police des journaux allait expirer au premier janvier; si la nouvelle loi n'était pas sur-le-champ adoptée, les journaux allaient se trouver, disait-on, dans un état d'anarchie : la priorité fut donc accordée à l'article vingt-sept, quoique le dernier, sans aucun égard pour la préséance des vingt-six premiers.

Le motif apparent ne me paraît pas plus honorable pour le ministère de la police générale que pour la profession de journaliste;

le journaliste n'est-il donc en France qu'un séditieux qui menace l'ordre public, si l'autorité cesse un instant de le tenir par la lisière et de le couvrir de sa livrée ? et les efforts du ministère de la police générale, qui doit être une seconde providence, sont-ils si mal dirigés depuis trois ans qu'il ne puisse compter un instant sur l'impulsion donnée, s'il cesse un instant d'avoir la verge en main ? Mais qui peut alors entrevoir le moment où la nation pourra sortir de tutelle, et jouir de la faculté que le Roi lui a accordée par l'article 8 de la Charte ? Le ministre de la police générale n'outrage-t-il pas la majesté royale par sa sacrilége témérité de se croire plus sage que le Roi, en nous ravissant le bienfait qu'il nous avait accordé ? Mais ne nous appesantissons pas sur le motif tiré de sa prétendue police des journaux ; le motif caché dut être le véritable. « Obtenons d'abord les « journaux, se dit-on, et nous refuserons le « jury ; parce que si nous commençons par « refuser le jury, on pourra bien nous refu- « ser les journaux. »

On ne voulut pas laisser refroidir les impressions ; dès le lendemain ce projet fut porté à la chambre des pairs où, malgré l'expression du patriotisme le plus éloquent, il fut encore honoré de l'acceptation, quoique repoussé par la Charte.

On a tellement répandu qu'il faut une législation particulière pour les journaux, que l'on semble croire qu'ils ne sont pas compris dans la faculté accordée par l'article 8 de la Charte. Mais cet article ne fait aucune distinction : que la pensée se manifeste par l'impression d'une feuille, ou d'un volume depuis le format in-36 jusqu'à l'in-folio, ou d'une collection de volumes; que la pensée se manifeste chaque jour, ou à des époques périodiques, ou d'un seul jet dans un ouvrage fini; que la pensée, à l'instant qu'elle jaillit du cerveau de l'auteur, traverse la France en tout sens, ou qu'elle languisse longuement dans un magasin de librairie, la forme ne change rien au droit, puisque la Charte n'a pas diversifié le droit selon la forme. Que si l'on entrevoit plus de danger dans l'exercice de ce droit d'une manière plutôt que d'une autre, ce n'est pas une raison pour nous priver du droit; que l'on environne seulement l'usage de cette liberté des garanties tutélaires, sans néanmoins jamais oublier que l'*abus* suppose l'*usage*, et que *réprimer* n'est pas *prévenir*, malgré la sollicitude du ministère à vouloir prévenir pour ne pas avoir à punir. Tant de générosité, tant de bonté nous confondent, quand nous nous trouvons dépouillés du riche héritage que nous avions obtenu de Sa Majesté.

La loi sur la presse, en général, fut encore adoptée par la chambre des députés, avec quelques amendemens qui furent tous acceptés, moins un, par le Roi; c'est dans cet état qu'elle fut portée à la chambre des pairs.

Après avoir parlé de l'adresse employée pour obtenir les journaux et refuser le jury, il faut dire les nouveaux efforts pour se ménager le succès à la chambre des pairs sur la loi générale de la presse.

Nous venons de dire que la loi fut portée dans la chambre des pairs avec les amendemens de la chambre des députés acceptés par le Roi, moins un. Les observations de M. le duc de la Rochefoucault sur la présentation des amendemens acceptés et de l'amendement non accepté, sont trop justes et trop curieuses pour que nous ne les mettions pas sous les yeux des lecteurs.

« Lorsque, dans la session dernière, les ministres du Roi apportèrent à cette chambre le projet de la loi sur les élections, adopté avec quelques amendemens par la chambre des députés, ils vous déclarèrent que le Roi vous envoyait ces amendemens avant d'avoir exprimé son adhésion, parce que S. M. regardait comme une chose essentielle à sa prérogative de ne pas s'imposer de règle sur le mode et l'époque d'acceptation des amendemens, et aussi parce que S. M. se réservait de choisir toutes les voies qu'elle jugerait à propos d'employer pour faire reconnaître à l'une des chambres les amendemens proposés par l'autre. Le ministre de l'intérieur motivait ce mode de présentation des amendemens en nous disant que, de cette manière, le consentement préalable que le Roi aurait pu donner *n'était pas exposé à des contradictions*.

« Je ne prétends pas élever ici, pour le moment, aucune discussion sur le fonds de cette doctrine; je ne veux seulement que vous faire remarquer la différence de son application dans la dernière session et dans la circonstance actuelle.

« L'année dernière, la masse des amendemens vous était présentée sans acceptation : aujourd'hui une partie des amendemens vous est envoyée acceptée ; un seul amendement ne l'est pas. L'année dernière, le ministre vous disait : Si vous adoptez ces amendemens, l'acceptation qu'en fera S. M. se publiera en même temps que la sanction royale ; aujourd'hui le ministre argumente contre l'amendement que le Roi n'a pas accepté ; il cherche à vous convaincre que cet amendement n'est pas compatible avec l'ordre public, et ses efforts tendent à vous le faire rejeter.

« Ainsi, contre la doctrine de l'année dernière, l'opinion du Roi sur l'amendement, que l'on tenait alors cachée pour qu'elle ne pût pas *être contredite*, est exposée aujourd'hui à des contradictions ; c'est le gouvernement qui, si j'osais employer cette expression, semble plaider dans la chambre des pairs contre la chambre des députés, dans une question que le gouvernement pouvait et pourra encore résoudre d'après sa propre volonté, en conseillant à S. M. de refuser son acceptation.

« Ce mode, et je ne parle ici que du mode employé dans la circonstance actuelle, me semble déplacer de leur véritable position le gouvernement et la chambre, pour leur en donner une fausse à l'un et à l'autre.

La conséquence tirée par le noble pair, malgré la justesse de ses observations, me paraît un peu forcée. L'amendement d'une chambre accepté par le Roi n'est relativement à l'autre chambre qu'un acte de son initiative; et cet amendement n'a pas plus de vertu que le reste de la loi proposée. La liberté de la chambre est donc la même pour rejeter la loi amendée ou non amendée, dans le cas de l'acceptation des amendemens par le Roi, comme dans le cas de non acceptation.

Si nous cherchons à présent pourquoi le ministère a changé cette année sa doctrine sur la présentation des amendemens faits par une chambre, en les accompagnant tous, moins un, de l'acceptation du Roi, nous n'hésitons pas à dire que le ministère a voulu par cette forme exercer sur la chambre une puissante influence, et s'assurer l'acceptation de la loi.

Cette précaution, comme on l'a vu, ne fut pas suivie du succès, puisque la chambre des pairs rejeta la loi à une majorité de quarante-trois voix.

Un noble pair a dit que la chambre des pairs est le sanctuaire de la pureté des doctrines constitutionnelles. Cela est loin de l'exactitude, puisque cette chambre, comme celle des députés, a détruit la balance des pouvoirs, en détruisant jusqu'ici la prérogative nationale par l'octroi des lois d'exception.

Mais le moment est venu où je me plais à rendre hommage à cette chambre qui, dans la discussion de la loi sur la liberté de la presse, en 1814, supprima le préambule qu'avait laissé la chambre des députés, et qui était en pleine contradiction avec le dispositif; le préambule ne parlant que de liberté, et le dispositif n'ayant d'autre but que l'asservissement. Je me complais à relever l'énergie et la noblesse du rejet qu'elle vient de faire de la loi d'exception sur la presse. Je ne puis que regretter la priorité dont a joui la loi sur les journaux; elle partagerait sans doute aujourd'hui le même sort, puisque la chambre des pairs se reconnaît le sanctuaire de la pureté des doctrines constitutionnelles.

La décision de la chambre des pairs est une forte leçon pour le ministère et pour la chambre des députés; pour le ministère, parce qu'elle l'avertit de ne plus présenter des lois d'exception; pour la chambre des députés, parce qu'elle l'encourage à remplir avec plus d'indépendance sa mission, comme partie démocratique du gouvernement.

La majorité de quarante-trois suffrages pour le triomphe des principes constitutionnels, relève l'ame abattue de l'ami de la Charte qui voyait avec douleur le ministère n'obtenir que de majorités imperceptibles l'adoption de ses infractions au pacte social.

La législation sur la presse demeure telle qu'elle était avant la présentation du projet de loi projeté. En sera-t-il présenté un autre dans cette session? Tout ce que l'on sait, c'est que la nation a assez long-temps attendu les lois organiques, et que, lorsqu'on ne signale sur une population de plus de vingt-neuf millions d'hommes, que cinq personnes suspectes, qui ont même cessé de l'être, puisqu'il a fallu les remettre en liberté, il serait temps de laisser à la nation la jouissance pleine et entière de la loi fondamentale; car attendre une plus heureuse situation politique dans l'intérieur, c'est ajourner indéfiniment l'usage des libertés publiques et particulières.

Dans le comité secret du 17 février dernier, fut discutée la proposition de M. Dupont de l'Eure, tendant à supplier S. M. de présenter un projet de loi qui, aux termes de l'art. 8

de la Charte constitutionnelle, règle définitivement le droit reconnu à tout Français de publier et faire imprimer ses opinions.

Blanquart-Bailleul combattit cette proposition, en faisant observer que si les chambres ont la faculté de supplier le Roi de proposer une loi sur quelque objet que ce puisse être, cette prérogative constitutionnelle a pour but d'appeler l'attention du gouvernement sur des mesures d'intérêt général ou local, dont l'objet aurait pu échapper à sa connaissance, ou dont l'urgence et la nécessité ne lui auraient pas paru assez évidentes. Or, ici, la sollicitude du gouvernement n'a pas besoin d'être éveillée, puisqu'il avait lui-même proposé cette loi définitive, adoptée par la chambre des députés, avec des modifications, mais qui n'a pas obtenu l'assentiment de la chambre des pairs.

Sur ces motifs, la chambre des députés décida que la proposition de M. Dupont ne serait pas prise en considération.

Nous regardons cette décision comme une calamité publique; nous regrettons que la chambre se soit arrêtée à des motifs aussi erronés, pour ne pas adopter une proposition conforme aux principes constitutionnels.

Plusieurs fois on empêcha *des propositions*, en disant que le ministère préparait sur la même matière un projet de loi ; aujourd'hui, c'est en rappelant qu'il l'avait déjà présenté. Ce ne sont pas là des motifs pour que les membres des chambres s'abstiennent de faire des propositions. Les pouvoirs de chaque branche de la puissance législative sont déterminés dans la Charte, et chacun des élémens du corps législatif est comptable à la nation de l'exercice de ses attributions. D'après l'article 19, les chambres ont la faculté de supplier le Roi de proposer une loi sur quelque objet que ce soit : loin d'être limitée à des mesures dont l'objet aurait pu échapper à l'attention du gouvernement, ou dont l'urgence et la nécessité ne lui auraient pas paru assez évidentes, cette faculté s'étend, aux termes de la Charte, *sur quelque objet que ce soit*. Et quel inconvénient y a-t-il, puisque, d'après l'article 21, le Roi peut rejeter la proposition des chambres ?

Les chambres méconnaîtraient d'ailleurs leur mission, si elles perdaient de vue qu'en qualité de gouvernement représentatif, elles doivent porter au pied du trône le vœu de la nation ; et ce vœu sur la liberté de la presse ne peut être douteux, puisqu'elle ne doit qu'à l'asservissement des journaux la catastrophe des cent jours, et tous les maux qui l'accablent depuis cette fatale époque. Si l'abbé de Montesquiou n'avait pas mis la lumière sous le boisseau, en mettant la presse dans les fers en 1814, les journaux, libres et ennemis du mensonge, auraient instruit la nation sur sa véritable situation ; la nation se serait sauvée elle-même, la nation aurait sauvé son Roi, la nation aurait arrêté ce déluge de maux qui fondirent sur la patrie ; et toutes ces merveilles auraient été dues à cette liberté de la presse tant calomniée, à l'expression de la vérité, qui seule peut attacher la nation au Roi, et le Roi à la nation.

Les étrangers seront-ils plus heureux ; les étrangers qui, depuis plus d'un quart de siècle, n'ont point été affligés, comme nous, d'une révolution en très-grande partie soufferte pour avoir la liberté de la presse qui, sans déclaration, existait en France, il y a trente ans, beaucoup plus étendue qu'aujourd'hui ?

M. le baron de Riedevel, président des états du grand duché de Saxe-Weimar, a fait, le 1er de ce mois de février, à S. A. R. le grand duc, la demande, au nom des états, que ce prince veuille bien faire présenter à l'assemblée, lors de la prochaine session de cette année, un projet de loi complète sur la presse, afin que la volonté du prince et du peuple sur cet important objet soit exprimée et publiée, sous la forme d'une loi positive, pour la tranquillité générale. Par un rescrit du 6 février, S. A. R. le grand duc a donné son assentiment à cette proposition; elle a annoncé qu'elle ferait soumettre un projet de loi sur la liberté de la presse à l'examen des états, aussitôt qu'ils seraient assemblés.

Le prince de Hardenberg a dit à M. Gerres, un des députés de la ville de Coblentz, que son opinion personnelle était en faveur d'une liberté de la presse complète, sans lois préventives, mais soumise a une loi pénale très-détaillée, et exécutée par les tribunaux ordinaires.

« Tous les journaux de l'Europe ne parlent, depuis quelques mois, que de gouvernemens représentatifs et de liberté de la presse. La discussion de nos chambres était à peine terminée, qu'elle recommençait à Francfort, à Weimar et à La Haye. Dans cette dernière ville, un projet de loi, tendant à imposer de nouvelles restrictions à la presse, a été débattu solennellement, et rejeté à une majorité de quatre voix, à la suite de plusieurs séances où assistaient le corps diplomatique et tout ce que la cour et la ville ont de plus distingué. Parmi les discours qui ont été prononcés en français, il en est quelques-uns qui, après tout ce qu'on a dit à ce sujet depuis dix ans, ont le rare mérite de contenir des choses nouvelles. On les lirait avec plaisir en France, peut-être même avec fruit, puisque tout se trouve encore *dans un état provisoire*, et que nous sommes destinés *à voir rouvrir*, *l'année prochaine, le champ de cette inépuisable discussion.* A Coblentz, à Aix-la-Chapelle, à Cologne, des demandes du même genre sont présentées au délégué de l'autorité royale; à Palerme, la question s'est agitée dans des écrits remarquables par une logique serrée. » (*Journal des Débats*, 2 mars 1818.)

On ne cesse de répéter qu'il est extrêmement difficile de faire une bonne loi sur la liberté de la presse : d'abord, ce ne serait pas une raison pour ne pas la présenter dans la session prochaine; ensuite, il y a tant de matériaux épars, qu'il ne faut pas un jour pour les rassembler et faire une bonne loi. Mais la difficulté qui se présente constamment à certains esprits, ou, pour mieux dire, l'impossibilité de préciser les délits de la presse, on la trouverait, à un certain point, dans les autres matières; mais cette difficulté tant relevée démontre précisément la nécessité absolue d'un jury qui pesera, en chaque circonstance, les nuances du fait, le vrai sens des expressions, l'effet de l'ouvrage entier, la moralité et l'intention, etc., et suppléera à l'imperfection de la loi.

Maintenant frappons d'étonnement ceux qui ont voté la loi pour améliorer le sort des auteurs, et apprenons-leur que la loi la plus parfaite sur la presse serait indifférente, parce que le ministère de la police générale est à la presse ce qu'était aux étrangers un tyran, nommé Procuste; il les faisait mesurer à son lit, et malheur à qui était trop petit ou trop grand! Etait-on plus long que le lit? le tyran leur faisait couper la partie qui excédait; si l'on était plus court, on leur faisait donner la question pour les alonger.

Heureux aussi l'auteur qui est du goût de la police générale! Elle a deux manières de procéder : l'une, en vertu des lois existantes qu'elle fait appliquer par les tribunaux, lorsqu'elle espère de trouver un coupable ; et l'autre, en vertu d'une ordonnance royale qu'elle applique administrativement à l'ouvrage qu'elle désespère de pouvoir faire condamner. Ainsi, échappe-t-on aux tribunaux, on n'échappe pas au ministère de la police.

J'ai observé, à l'égard de la loi sur les suspects, que ceux-ci étaient plus malheureux que ceux qui paraissaient coupables, parce que ces derniers obtenaient des juges et pouvaient être trouvés innocens, au lieu que les suspects, enlevés à leurs juges naturels, sont détenus par la police. De même, l'ouvrage que l'on croit pouvoir faire condamner est déféré aux tribunaux et court la chance d'échapper à la condamnation, tandis que l'ouvrage, auquel les tribunaux n'auraient pas de reproche à faire, est frappé par le ministère d'un brevet d'apoplexie qui l'empêche de circuler, ou bien il est mis au secret par la défense aux journaux de l'annoncer.

Voici comment M. Robert, avocat et auteur, expose cet arbitraire qui a frappé un de ses ouvrages :

« Depuis quelque temps, le ministre de la « police a exhumé du tombeau qui renferme « les lois draconniennes de Bonaparte, un cer-

« tain décret impérial, à la date du 14 octobre « 1811 : Aucun ouvrage ne pourra être an- « noncé dans les journaux, à moins qu'on ne « justifie de son insertion dans le journal « bibliographique de l'imprimerie, et les « libraires ne pourront également le vendre, « sans qu'on ait rempli cette formalité préa- « lable, sous peine d'amende. »

« Or, a-t-on dit, il faut défendre aux enregistreurs de cette feuille qui se fait sous l'autorité du ministre de la police, de faire mention de l'ouvrage de M. Robert, dont on ne peut arrêter la *circulation ;* les journaux s'abstiendront d'en parler soit en bien, soit en mal; les libraires n'oseront pas le vendre, et il tombera du moins, faute d'être bien connu.

« C'est ce qui a été fait, et c'est ainsi qu'on en a usé, depuis plusieurs mois, à l'égard de quelques ouvrages historiques qui, s'ils ne pouvaient pas être supprimés par les tribunaux, doivent périr par une mesure ministérielle.

« Je me suis présenté chez M. Pillet, imprimeur du journal bibliographique; j'y ai vu un vendredi, à quatre heures après-midi, le sommaire de mon ouvrage *composé.* A mon grand étonnement, je ne le vis plus intercalé dans le numéro courant du lendemain ; il me fut facile de constater que ce changement avait eu lieu par l'ordre d'un des censeurs établis par le ministre de la police.

« Je dirai donc, dans le moment où l'on s'occupe d'un projet de loi sur la liberté de la presse, qu'on ne doit pas la diviser en deux parties : l'une pour les écrits, l'autre pour les feuilles périodiques.

« En effet, on accorde aux auteurs d'écrits la liberté de franchir la censure de la police, en livrant directement leurs ouvrages à l'impression. La publicité de leurs œuvres a lieu après le récépissé du dépôt de cinq exemplaires, délivré à l'imprimeur, et cette publicité ne peut être empêchée que dans le cas de la saisie et de la dévolution de l'ouvrage aux tribunaux.

« La publicité est de deux sortes : l'une par la voie d'affiches, et l'autre par celle des journaux.

« Mais le droit de cette publicité reste toujours dans la dépendance du ministre de la police.

« Si ce ministre trouve qu'il n'y a pas lieu à saisir la production, parce que les tribunaux n'ont pas toujours le même œil, la même conscience que l'œil et la conscience des censeurs, et qu'il ne veuille pas que la production soit publique, il donne alors des défenses au journal privilégié de la librairie d'en annoncer le sommaire : la défense est nécessairement et forcément respectée.

« Les libraires vendront-ils? les inspecteurs de la librairie leur feront un procès, parce qu'aux termes du décret impérial du 14 octobre 1811, ils sont susceptibles d'une forte amende, s'ils exposent en vente des écrits *non annoncés* dans le journal de l'imprimerie.

« Les feuilles périodiques ne parleront ni du titre, ni du corps des écrits, parce qu'ils sont dans le même cas, sujets à une pareille amende.

« Les afficheurs ne placarderont pas les annonces des écrits, parce qu'à défaut de la représentation du numéro d'insertion dans le journal de la librairie, la préfecture de police ne leur en donnera pas l'autorisation.

« Voilà donc les auteurs, au milieu de leur millier de volumes, sans espérance de débit, de vente, de circulation ; voilà enfin la publicité empêchée par la toute-puissance du ministre de la police.

« Les écrits de tout genre sont donc entre les mains du ministre de la police, qui aura sur eux le droit de vie ou de mort, tant qu'il conservera la direction des journaux.

« Au lieu que, si les journaux avaient une libre circulation, restreinte seulement par les lois pénales qui existent, et dont la sévérité suffit bien pour en imposer aux factieux, les écrits auraient la faveur d'une publicité entière. »

Le pétitionnaire demandait à la chambre des députés de décider, par voie d'interprétation, que le décret du 14 octobre 1811 étant abrogé par la loi sur les écrits, les auteurs ne sont plus soumis à la formalité de faire insérer, dans le journal de la librairie, le sommaire de leurs ouvrages, avant de le faire annoncer dans les feuilles périodiques.

La chambre des députés passa à l'ordre du jour, ainsi motivé.

L'arbitraire dont M. Robert se plaignait dans sa pétition, ayant été aussi dénoncé à la chambre des pairs par M. le vicomte de Châteaubriand, voici la défense du ministre de la police générale :

« Le noble pair se plaint aussi de l'existence
« du journal de la librairie, et de la défense

« faite aux autres feuilles d'annoncer les « ouvrages qui n'auraient point été insérés « dans celle-là. Ce journal n'est établi, selon « lui, que par un décret de Bonaparte, qu'il « a cru utile de citer en entier. Le ministre, « pour toute réponse, citera à son tour l'or-« donnance du 24 octobre 1814, signée Louis, « contre-signée Dambray, et qui est elle-« même basée sur un arrêt du conseil de 1774, « fort antérieur par conséquent à Bonaparte. »

La réponse du ministre est bien peu satisfaisante : « Non, dit-il, ce n'est point en vertu « d'un décret de Bonaparte que je défends au « journal de la librairie d'annoncer certains « ouvrages, et que je défends indirectement « aux journaux d'annoncer ceux qui ne l'au-« raient pas été par le journal de la librairie; « mais c'est en vertu d'une ordonnance du « Roi, où l'on n'a pas copié le décret impé-« rial de Bonaparte, puisqu'elle est basée sur « un arrêt du conseil de 1774, fort antérieur « par conséquent à Bonaparte. »

L'acte arbitraire est avoué; l'ouvrage qui échappe à la condamnation des tribunaux, le ministre peut le condamner au pilon de l'oubli. A quoi serviront toutes les lois que l'on pourra faire sur la liberté de la presse, s'il dépend du ministre de se servir de la loi quand elle condamne, et de substituer sa volonté, ou une ordonnance abrogée par la législation qui l'a suivie, à celle de la loi quand elle absout ou qu'elle ne peut atteindre une production?

Le ministre s'autorise d'une ordonnance royale; mais nous avons vu qu'il ne peut se faire d'ordonnance royale que pour l'exécution de la loi et non contre la loi. Si la base de cette ordonnance royale, l'arrêt du conseil de 1774, est fort antérieur à Bonaparte, comme dit le ministre, il l'est encore davantage à la Charte de 1814 qui a affranchi la presse de toutes les entraves et de toutes les mesures préventives. Ainsi, l'ordonnance royale, citée par le ministre, ne peut pas plus exister que le décret impérial de 1811, devant la loi fondamentale, ou devant les lois des 21 octobre 1814 et 28 février 1817, avec lesquelles elle ne serait pas en harmonie.

« Quelle confiance prendra-t-on aux pro-
« messes d'aujourd'hui, disait le duc de
« Tarente à la chambre des pairs, le 24 fé-
« vrier 1818, si nous révoquons celles d'hier?
« Il est question de ramener la confiance, de
« fonder la sécurité; est-ce par des législa-

« tions mobiles que nous y parviendrons ? » Ce sera bien moins encore par des législations contradictoires, par une lutte entre les lois et les ordonnances.

ARTICLE II.

Par la Poste aux lettres.

Il est une autre manière de manifester sa pensée, ses sentimens les plus secrets, c'est par l'intermédiaire de la poste aux lettres.

Le Code pénal, au titre des abus de première classe, art. 187, détermine ainsi la peine due à l'infidélité qui trahirait la confiance intime : « Toute suppression, toute « ouverture de lettres confiées à la poste, « commise ou facilitée par un fonctionnaire, « ou agent du gouvernement, ou de l'admi- « nistration des postes, sera punie d'une « amende de 16 à 300 fr. ; le coupable sera, « de plus, interdit de toute fonction ou em- « ploi public pendant cinq ans au moins, et « dix ans au plus. »

Voici un trait qui ne paraît pas bien en harmonie avec la loi pénale.

On lit dans la brochure de M. Aignan, l'un des jurés dans le procès des associés de l'*Épingle noire*, ayant pour titre : *De la Justice et de la Police*, le détail qui suit :

« Le défenseur de deux accusés ayant déclaré que deux lettres produites contre ses cliens avaient été interceptées par l'administration, et ayant demandé, au nom de la morale et des inductions de la loi, qu'elles fussent rejetées des débats, sa requête est demeurée sans suite, et le lendemain M. l'avocat général a donné, sur le fait de l'ouverture des lettres, l'explication suivante :

« L'administration, avertie du départ de ces lettres, adressées par l'un des prévenus à son frère, accusé lui-même, les a signalées, par la voie du télégraphe, au préfet du lieu de la résidence de ce dernier, et (si j'ai bien compris la suite de ces détails) les lettres ont été ouvertes, en présence du préfet, par celui à qui elles étaient adressées.

« On se demande pourquoi l'action du télégraphe dans une circonstance qui n'en paraît pas susceptible. L'administration publique a, ou n'a pas le droit d'ouvrir les lettres des citoyens. Si elle a ce droit, elle peut l'exercer aussi-bien à Paris que dans les Pyrénées ; si elle ne l'a pas, elle ne peut l'exercer dans les Pyrénées ni à Paris. Vainement dirait-on qu'on a voulu respecter le sceau des lettres, en les faisant ouvrir par la personne même à qui elles étaient adressées : certes, si elle a été forcée de les remettre sur-le-champ à l'administration, ce prétendu respect était subtil et dérisoire, et, en matière d'abus d'autorité, la subtilité, la dérision sont pires que la violence. Le sceau des lettres n'aurait été véritablement respecté, que si le préfet avait dit à celui qui venait de les lire en sa présence : « Vous convient-il de me les remettre? je les reçois; cela ne vous convient-il pas? voici du feu pour les brûler. » Mais la preuve que les choses ne se sont point passées ainsi, c'est que les deux lettres ont été produites au procès, à la charge de l'un et de l'autre accusé.

Si les gouvernemens méprisent la morale, seront-ils eux-mêmes en sûreté? L'art de gouverner n'est que la morale mise en action : c'est l'art d'unir la nation au souverain, et le souverain à la nation.

CHAPITRE VII.

De l'Inviolabilité de la Propriété.

« Toutes les propriétés sont inviolables, etc. » *Art.* 9.

La force majeure dont nous avons déjà parlé dans le chapitre de *la Contribution selon la proportion de la fortune*, fait que la propriété, reconnue inviolable en droit, ne l'est pas en fait, puisqu'il faut donner pour contribution la plus grande partie du revenu, et quelquefois vendre une partie de la propriété pour libérer l'autre.

Quel remède à un si grand malheur? Augmenter au moins l'économie dans l'intérieur, et dédommager la nation de ses sacrifices par la jouissance de ses libertés.

CHAPITRE VIII.

De l'Oubli des opinions et des votes jusqu'à la restauration.

« Toutes recherches des opinions et votes « émis jusqu'à la restauration sont inter- « dites, etc. » *Art.* 11.

. . . .

CHAPITRE IX.

De la Liberté des Enfans.

Si l'enfant naît soldat, c'est pour défendre sa patrie, et non pour seconder de ses forces l'ambition au dedans ou au dehors. Nous avons vu la jeunesse française, et bientôt tous les âges, devenir le jouet et l'instrument du pouvoir le plus absolu. La patrie n'existait plus et ne peut plus exister lorsque ses défenseurs passent à la solde de la tyrannie.

Le Roi vint rétablir la patrie et affranchir

ses enfans par l'abolition de la conscription. « La conscription est abolie. » *Art.* 12.

Il a été présenté un projet de loi sur le recrutement. Cette loi a paru à des députés du premier mérite le renouvellement de la conscription. On a surtout frémi quand on a vu la commission accorder au ministère quatre-vingt mille hommes, tandis qu'il n'en demandait que quarante mille. On s'est rappelé que naguère un sénatus-consulte accordait facilement au despote cinquante mille hommes de plus que les énormes contingens qu'il demandait : une explication a pourtant réduit à quarante mille hommes l'impôt annuel.

Le projet a été adopté par la chambre des députés. Nous aurions ambitionné que la liberté des enfans eût été mieux défendue par la loi ; nous nous en référons à ce que nous avons dit ailleurs sur cet objet ; nous espérons d'ailleurs que si la loi doit être adoptée à la chambre des pairs, elle s'y améliorera de ses amendemens.

CHAPITRE X.

Du Droit de Pétition.

Le droit de pétition existe-t-il en France? Cette question décèle le vice de la Charte où le droit de pétition ne se trouve établi dans l'art. 53 que par voie d'induction : « Toute « pétition à l'une ou à l'autre des chambres « ne peut être faite et présentée que par écrit. « La loi interdit d'en apporter en personne « et à la barre. »

La sagesse a sans doute dicté cette précaution; il ne convient plus que le travail des chambres soit interrompu par *l'ambassade des nations*, dont chaque ambassadeur trouva le costume tout prêt dans une friperie, ni par les députations crapuleuses et anarchiques des faubourgs. Mais ce produit de l'expérience ne forme qu'un article réglémentaire qui pouvait trouver sa place dans la loi organique; c'est moins un principe constitutionnel que l'interprétation et la direction de ce principe supposé existant. Cet article me paraît encore très-mal classé, d'une manière fugitive, à la suite de la chambre des députés. Le seul motif pour laisser en cet endroit la restriction au principe constitutif du droit de pétition, ce serait de placer naturellement ce principe dans *les droits publics des Français*, ou après l'art. 4 qui garantit la liberté individuelle, ou après l'art. 8 qui accorde aux Français le droit de publier et faire imprimer leurs opinions.

Le projet de constitution établissait directement ce droit : Art. 26. « Toute personne « a le droit d'adresser des pétitions indivi- « duelles à toute autorité constituée. » Cet article était copié de la constitution de l'an 8 : « Toute personne a le droit d'adresser des « pétitions individuelles à toute autorité cons- « tituée, et spécialement au tribunat. » On pouvait dire dans le projet de 1814, *et spécialement à la chambre des députés*, parce que, comme le tribunat autrefois, la chambre des députés est aujourd'hui l'élément démocratique du gouvernement.

Il y avait autrefois dans le sénat une commission des pétitions qui devait garantir la liberté individuelle; cette commission mourut vierge, mais non martyre de son héroïsme à conserver ce précieux droit. Le formaliste empereur créa encore une commission composée de conseillers d'état et maîtres des requêtes, pour examiner les pétitions et plaintes qui lui étaient adressées. Cette institution, en apparence populaire et bienfaisante, ne parut qu'un moyen de plus pour connaître les secrets des familles, les dispositions des plaignans et les résolutions des mécontens que l'espérance de la justice rendait leurs propres accusateurs.

La France a-t-elle aujourd'hui une jouissance plus entière du droit de pétition, ou ce droit n'est-il, comme tous les autres, qu'une illusion? Quel résultat obtiennent les pétitions adressées aux chambres? *Passé à l'ordre du jour*, *renvoyé au ministre inculpé*, et autres décisions aussi consolantes, sans que jamais il soit question d'un résultat.

Dans les milliers de pétitions ainsi congédiées, n'en relevons que trois.

Pendant la session de 1816, M. Robert, ancien avocat, rédacteur du journal intitulé *le Fidèle Ami du Roi*, est arrêté par les ordres du ministre de la police générale, et longtemps détenu au secret. Sa fille présente à la chambre des députés une pétition contenant la démonstration que toutes les mesures tutélaires de la liberté individuelle sont violées sur la tête de son père. Il est prouvé que le pouvoir discrétionnaire du ministre n'est pas applicable à un ancien et constant serviteur du trône ; il est prouvé que, quand on voudrait, par le plus horrible des abus, lui faire l'application de la loi contre les séditieux, il y aurait encore attentat à la liberté individuelle, parce que le ministre n'aurait pas observé les formalités prescrites par cette loi, en informant immédiatement des motifs de l'arrestation, non-seulement le ministre de la justice, mais le procureur du Roi. M. Robert, arrêté le 30 octobre, était encore détenu au secret le 9 novembre, sans que M. le procureur du Roi, d'après sa déclaration à mademoiselle Robert, eût aucune connaissance des motifs de l'arrestation de son père, conformément au vœu de la loi. La commission des pétitions demande des renseignemens au ministre; il en donne qui ne paraissent pas satisfaisans. La commission en demande de plus circonstanciés ; le ministre prétend ne pas en devoir d'*officiels*, ajoutant que ceux qu'il a donnés sont *officieux*. Discussion dans la chambre qui passe à l'ordre du jour. Où faudra-t-il donc recourir pour la protection constitutionnelle contre le despotisme ministériel, et que devient le droit de pétition, sauvegarde de toutes les autres libertés ?

Dans la séance du 15 janvier dernier, le rapporteur de la commission des pétitions a dit, dans la chambre des députés, que deux pétitions de ce même M. Robert, avocat, ont été successivement adressées à la chambre.

Par la première, le pétitionnaire réclame contre la défense faite aux journaux par le ministre de la police d'annoncer l'ouvrage ayant pour titre : *Causes en partie inconnues des principaux événemens qui ont eu lieu en France depuis trente-deux ans*. La commission estime que le décret du 14 octobre 1811 étant abrogé par les lois des 21 octobre 1814 et 28 février 1817, les écrits qui ne sont pas déférés aux tribunaux, et dont l'imprimeur s'est conformé, du reste, aux obligations qui lui sont imposées, ne sont plus assujétis à l'insertion préalable dans le journal de la librairie. Mais les auteurs ayant un recours ouvert aux tribunaux pour obtenir le redressement des préjudices dont ils croient avoir à se plaindre, la commission propose de passer à l'ordre du jour, et la chambre passe à l'ordre du jour.

Je crois le motif de la commission exact, je suis même persuadé que ce motif s'applique également à l'ordonnance royale de 1814, signée *Louis*, contre-signée *Dambray*, sur le même objet, et dont le ministre s'est prévalu à la chambre des pairs pour essayer de réfuter M. le vicomte de Châteaubriand. Mais qu'arrive-t-il? la chambre et le ministre ne sont pas en harmonie : l'un croit que l'ordonnance royale existe et peut contrarier la législation et la Charte, l'autre croit que l'ordonnance n'existe plus, et que force doit être à la législation et à la Charte, et se borne à passer à l'ordre du jour. Sur ces entrefaites, le ministre de la police générale continue de condamner au pilon de l'oubli les ouvrages qui lui déplaisent et qui ne peuvent être atteints par le tribunal. Ne convenait-il pas que la chambre traitât cette matière d'une manière plus élevée, et qu'elle considérât l'affranchissement de la presse comme intéressant la liberté publique, au lieu de laisser subsister la même difficulté entre le ministre et tous les auteurs qui peuvent déplaire par leur énergie? C'est laisser la liberté de la presse au tombeau, malgré la Charte et la meilleure loi qui pourrait se faire.

Dans la seconde pétition, M. Robert accuse de concussion M. le ministre de la police générale, pour avoir établi, à titre de budget secret de son ministère, un impôt d'un centime et demi sur chaque feuille du journal *le Fidèle Ami du Roi*, outre les deux centimes établis par la loi. Il demande dix mille francs de dommages et intérêts. Plusieurs pièces ont été fournies à l'appui de cette pétition. La commission des pétitions a déclaré évidente la concussion, en déclarant qu'il est évident que l'impôt d'un centime et demi n'est pas ordonné par la loi; elle a déclaré que la jurisprudence établie dans la derniere session (1) ne laissait pas à la commission le moyen de donner à la chambre des renseignemens plus exacts, et que le renvoi qui lui serait fait de la pétition ne ferait que replacer la commission dans la position embarrassante où elle s'était déjà trouvée. Malgré l'évidence de la concussion,

---

(1) Le rapporteur appelle ici *jurisprudence*, la prétention du ministre de ne devoir aucun renseignement *officiel* à la chambre, son aménité à lui en donner d'*officieux*, et la bonhomie de la chambre à s'en contenter.

la chambre a décidé que la pétition de M. Robert serait renvoyée à la commission du budget. Que peut dire de plus la commission du budget? elle ne peut que répéter avec la commission des pétitions qu'il est évident que l'impôt d'un centime et demi, exigé par le ministre, n'est pas ordonné par la loi. Chaque membre de la chambre n'a qu'à jeter un regard sur la loi des finances, pour se convaincre personnellement que cet impôt d'un centime et demi fut exigé en sus de ce qui était ordonné par la loi. A quoi bon le renvoi de la pétition à la commission du budget? quel résultat produit le recours du pétitionnaire aux chambres? que signifie le droit de pétition?

Encore des députés ont-ils trouvé que les pétitions inondaient la chambre, qu'elles faisaient perdre le temps à la chambre, et qu'elles avaient besoin du moins de garanties pour arriver jusqu'à la chambre, telles que signatures de *maires, recommandation de la députation départementale*, etc.

D'autres membres de la chambre, à la vérité, ont paru prendre un peu plus en considération le sort des pétitionnaires : « Vous « vous proposiez, disait à la chambre des

« députés son président, le 11 mars 1815, « d'apporter quelques changemens à notre « règlement, surtout en ce qui concerne le « droit de pétition que vous vouliez consa« crer de nouveau et consolider en écartant « les abus par lesquels on cherchait à rendre « un si beau droit ridicule. »

Son président, en 1817, a témoigné les mêmes sollicitudes.

« Il n'en demeure pas moins constant, di« sait M. le marquis de Chauvelin à la « chambre des députés, le 12 février 1818, « qu'à la façon dont vont les choses, le droit « de pétition est un de ces principes qui, « suivant une expression récemment repro« duite à cette tribune, semblent destinés à « sommeiller dans l'acte constitutionnel, « sans porter ailleurs aucun fruit.... Ne ré« pondons pas par de l'insouciance, et, « pour ainsi dire, par un ordre du jour pris « en masse, à toutes les pétitions à venir; « n'attendons pas, pour rentrer dans le vrai, « dans le bien, dans le juste, sur le régime « des pétitions, que l'inutilité de nous en pré« senter soit devenue plus proverbiale encore « dans toute la France.....Nous garantirons « l'exercice du droit le plus saint, le plus

« précieux, dernier recours du malheureux,
« seule garantie de l'opprimé.... Adoptons
« cette partie des propositions de M. de Serre,
« et c'est à quoi je réduis mon vote dans la
« discussion actuelle. »

Ce député, qui se montre le zélé défenseur de toutes les libertés publiques et particulières, se borne à demander l'adoption de quelques articles de règlement à *intercaler*. Le règlement de la chambre sera toujours insuffisant pour obtenir des renseignemens du ministère, pour assurer un résultat à chaque pétition; et qu'est le droit de pétition, s'il demeure constamment sans résultat? La nation eût été bien plus satisfaite qu'un de ses mandataires eût fait et développé la proposition de supplier le Roi de proposer une loi organique sur le droit de pétition, pour pouvoir réaliser ce précieux droit qui est la sauvegarde de tous les autres; cette proposition eût été une planche dans le naufrage, lorsque toutes les autres libertés sont envahies.

Je viens faire aux chambres l'hommage de mon faible tribut; je viens leur offrir la matière d'une résolution sur la loi organique du droit de pétition; c'est à elles à développer, à vivifier le germe que je leur présente, et à lui donner ce caractère légal, gage de la sanction royale.

Le droit de pétition individuelle est accordé à toute personne; nous croyons devoir l'étendre à un tiers, dans l'intérêt d'un détenu, notamment dans le cas d'arbitraire, parce que l'insulte faite à un citoyen est faite au corps social.

Autrefois le droit de représentation et de supplique n'était pas limité aux individus; les corps de magistrature, les états provinciaux, les corporations jouissaient de ce droit inaliénable, et devaient même en jouir de préférence à de simples individus, à cause de l'importance de leurs réclamations et de la haute considération qu'elles pouvaient mériter. Ainsi, la monarchie française était un gouvernement représentatif, comme nous l'avons établi, quoique différemment constitué qu'aujourd'hui.

Nous pensons qu'il est urgent de réintégrer les corps judiciaires et les corps administratifs dans la jouissance de ce droit, le premier de tous les droits, celui dont jouit l'être le plus malheureux, celui de la plainte et de la représentation. Nous avons cru qu'il était indispensable de l'accorder aussi aux colléges électoraux, dans le cercle de leurs attributions, pour éviter la dangereuse et scandaleuse obsession qui pourrait circonvenir leur liberté à l'avenir. Lorsque le dépôt de la Charte a été confié à l'armée, à la garde nationale et à chaque Français; lorsque toute plainte, pour violation de cette Charte, doit être considérée d'un intérêt éminemment national, convient-il de condamner au silence les colléges électoraux, formés de l'élite de la nation, des personnes les plus intéressées à la conservation de l'ordre public, au moment où ils vont procéder à l'élection des défenseurs nés de la Charte constitutionnelle, à l'élection de cette haute magistrature qui doit partager l'exercice de la puissance législative? Non, ces corps politiques, jaloux de leur indépendance, puisque leur ensemble constitue la nation, doivent reconnaître, pour leur premier devoir, la dénonciation de la corruption ou de la violence, à l'aide desquelles on aurait voulu attenter à leur liberté, pour leur imposer des choix aussi peu dignes du trône que de la nation. La corruption ou la violence, pratiquées à l'égard des colléges électoraux, doivent être réputées le plus grand des crimes politiques, puisqu'il ne tend à rien moins qu'à anéantir la patrie, en faisant de ses représentans, non les contrôleurs de l'administration, mais les approbateurs et les complices du despotisme ministériel.

Considérant d'ailleurs le droit de pétition, dans les corps politiques, administratifs et judiciaires, comme le complément du gouvernement représentatif, l'exercice de ce droit nous paraît propre à vivifier, fortifier, soutenir ce gouvernement naissant contre les atteintes de l'autorité qui semble toujours dédaigner ses limites. Pour ce motif, l'autorité combattra peut-être cette salutaire innovation, parce qu'elle est sourcilleuse de sa nature; qu'elle soupçonne partout des obstacles; qu'elle regarde comme autant d'entraves les moyens qu'elle n'a pas essayés; qu'elle confond souvent les représentations avec la désobéissance, et qu'elle prétend que l'exécution de ses ordres doit être prompte comme la foudre, depuis qu'elle les transmet avec cette même rapidité, à l'aide de la machine télégraphique.

Mais si nous croyons le salut de l'État intéressé à ce que ces corps constitutionnels ne soient point traités comme des mineurs, par là privation d'un droit accordé à tout citoyen; nous nous empressons aussi de rassurer l'autorité, en représentant que le droit de pétition ne doit jamais ralentir l'exécution d'une loi; nous nous empressons de le prémunir contre tout danger qui pourrait résulter de la ligue de plusieurs de ces réunions constituées, en leur interdisant entre elles toute correspondance.

A quelles autorités les pétitions doivent-elles être adressées? De la part des citoyens, à toutes les autorités constituées. Mais nous avons cru sage de poser une limite, et de n'ouvrir l'asile dans la chambre, pour tout objet d'un intérêt particulier, que lorsque le pétitionnaire aurait épuisé le recours aux ministres; de là le double avantage de ne pas encombrer de plaintes la chambre des députés, et le ménagement de la délicatesse de la chambre de ne pas s'interposer entre l'administré et l'administration, tant qu'il reste au plaignant le remède de l'autorité supérieure.

Les corps constitués, ne devant point correspondre entre eux, ne pourraient adresser leurs représentations qu'aux deux chambres.

Si la qualité de pouvoir intermédiaire et

essentiellement conservateur est une propriété de la chambre des pairs, nous pensons que c'est à elle, et à elle seule que doivent être adressées les plaintes pour violations de la Charte, qui est le trésor et la sauvegarde de tous les droits.

Nous avons trouvé digne du trône de ne point autoriser les citoyens, ni les corps constitués, à adresser des pétitions et réclamations au Roi, laissant aux chambres le soin d'être les interprètes des besoins et des sentimens de la nation. Les suppliques, adressées au Roi, ne changeraient d'ailleurs en rien la situation particulière des plaignans, puisque le Roi ne peut que les renvoyer aux ministres, et que les ministres sont toujours l'objet de ces plaintes.

Le droit de pétition nous a paru d'autant plus privilégié qu'il existait dans la nature avant de passer à l'état de société : le cri de tout être souffrant fut toujours accueilli de son semblable. Nous avons donc cru devoir délivrer le droit de pétition de toute formalité qui aurait pu en entraver ou en anéantir l'exercice.

Nous pensons qu'il serait inconvenant d'exiger que les pétitions adressées aux chambres fussent revêtues de la formalité du timbre. Si elles sont d'un intérêt général, pourquoi assujettir le pétitionnaire à un tribut, lorsque spontanément il en acquitte un bien plus précieux, qui, quelquefois, pourrait ne pas dépasser l'intention, arrêté par les frais du papier fiscal. Les pétitions sont-elles d'un intérêt particulier ? le malheureux ne peut être privé du droit de supplique, et le timbre d'une pétition lui enleverait plus que l'entretien d'une journée. Le testament olographe est valide sur papier libre ; la pétition d'un intérêt général est le testament politique du citoyen. Pourquoi d'ailleurs constituer en frais l'auteur d'une réclamation particulière, lorsque ces réclamations ont presque toujours pour cause les abus des agens du gouvernement, et que tout gouvernement a pour dette principale l'administration de la justice? Enfin, il ne s'agit ici que des pétitions adressées aux chambres dont le nombre sera bien limité quant à l'intérêt particulier, puisqu'il faudra nécessairement avoir épuisé les divers degrés de l'administration, avant de pouvoir recourir à la protection des chambres.

Les pétitions des particuliers nous paraissent devoir être dégagées de toute formalité, telles que *la légalisation de la signature* par le maire de la commune du pétitionnaire, *la recommandation d'un député de son département*, etc. Le maire pourrait refuser sa signature, surtout dans le cas où la pétition contiendrait plainte contre lui ou quelqu'un des siens. On pourrait, à la vérité, recourir contre ce refus arbitraire à l'administration supérieure; mais pourquoi exposer à des démarches, toujours pénibles et coûteuses, le citoyen paisible qui a besoin de son temps? Convient-il aussi d'astreindre le pétitionnaire à ne se présenter aux chambres que revêtu de la protection de quelqu'un de ses membres? Mais certains départemens n'ont qu'un député; ce député pourra-t-il accorder sa recommandation à des pétitions contradictoires? lequel des deux pétitionnaires pourra être alors privé du droit de patronage? Les députés d'un département peuvent, sur cent pétitionnaires, ne pas en connaître dix; quel sera le mérite de leur recommandation? Les pétitionnaires peuvent se trouver à deux cents lieues de la capitale, sans relations, sans moyens de correspondance, sans connaissance d'un député: faudra-t-il qu'ils deviennent d'abord pétitionnaires envers le député ou le pair de France, pour qu'ils veuillent présenter leur pétition à la chambre? A quoi bon tous ces circuits, si ce n'est à doubler la dépense et à porter le découragement dans l'ame du plaignant, déjà malheureux de l'injustice qu'il éprouve?

Loin de cette matière toute difficulté; nous pensons même que la signature d'un pétitionnaire n'est pas nécessaire quand il s'agit de l'intérêt général; soit qu'alors la matière ne laisse pas soupçonner les écarts de l'injure ou de la calomnie, puisqu'il ne s'agit que de renseignemens généreux et utiles à l'état, et non de réclamations et plaintes particulières, souvent accompagnées d'aigreur et d'injustice; soit que l'importance des documens excuse quelque détail personnel, trop libre, mais que l'auteur a pu croire nécessaire au développement de son système. On ne nous reprochera pas d'encourager, sous le voile de l'anonime, la plainte atrabilaire, la délation outrageante, la perfide calomnie, puisque nous n'autorisons l'absence de la signature que dans les matières d'un intérêt général; et qu'à l'égard des plaintes ou réclamations particulières, nous assujettissons tout pétitionnaire à la responsabilité des faits par lui avancés. Nous n'avons pas cru devoir confondre, dans cette responsabilité, les corps constitués, à cause de leur moralité présumée, et de l'impossibilité que des corps préposés à l'entretien de l'ordre public et particulier puissent jamais s'éloigner de la maturité de la sagesse qui caractérise toutes leurs opérations.

Examinons maintenant la conduite que les chambres paraissent devoir tenir tant à l'égard des ministres qu'à l'égard des pétitionnaires.

Toute pétition doit être enregistrée, à son arrivée, dans un registre tenu à cet effet par le bureau de la chambre. Cette mesure n'est pas simplement d'ordre, mais elle devient nécessaire, puisque, d'après les art. 26, 27, 28 et 29, les ministres sont tenus de donner aux chambres les renseignemens qu'elles demandent, et de leur communiquer les décisions qu'ils prennent sur les pétitions que les chambres leur renvoient.

Les pétitions sont déposées pendant trois jours sur le bureau, afin que chacun des membres puisse en prendre communication sans déplacement. Cette précaution, par laquelle tout membre peut prendre communication de la pétition entière, est d'autant plus recommandable, que la commission des pétitions ne fait que des extraits et ne donne que des aperçus; cette précaution a un autre avantage: c'est que les membres des chambres peuvent déjà se préparer sur les questions que peut faire naître chaque pétition, et qu'ils ne seront pas entraînés, sans connaissance de cause, aux conclusions de la commission.

Après le dépôt, pendant trois jours, de chaque pétition sur le bureau de la chambre, nous proposons de la renvoyer à une commission spéciale de neuf membres, nommés par la chambre, et renouvelés par tiers chaque mois. La commission doit être nommée par la chambre, parce qu'elle est d'un intérêt majeur; et elle paraît devoir être renouvelée par tiers chaque mois, soit pour alléger le fardeau, en le distribuant sur un plus grand nombre de têtes; soit pour éviter l'indifférence des membres auxquels l'habitude de ce travail pourrait dicter des conclusions peu soignées, et peut-être quelquefois peu dignes de la chambre.

Voilà, ce semble, un préalable suffisant pour éviter tout désordre dans l'exercice absolument nécessaire de ce droit.

Nous avons dû nous transporter à la fin de

chaque session, mesurer de l'œil l'intervalle jusqu'à la session prochaine, intervalle presque toujours quadruple de la durée de la session, et nous avons gémi de voir la France délaissée aux abus, aux caprices de l'autorité, sans pouvoir frapper, de ses cris plaintifs, l'oreille de ses défenseurs, dans le cas même de l'envahissement de la liberté publique. Nous avons senti le besoin de proposer une seconde commission, plus nombreuse que la première, mais qui pût délibérer en même nombre, qui serait chargée de recevoir, dans l'intervalle des sessions, les pétitions qui seraient adressées à la chambre.

La première commission rendrait, chaque semaine, compte à la chambre des pétitions de la semaine précédente; il ne convient de laisser languir ni les objets d'un intérêt général, ni ceux d'un intérêt particulier.

Les chambres statueraient sur les pétitions, ou en les rejetant, ou en les renvoyant à qui de droit, après en avoir retenu un extrait qui serait déposé à la commission des pétitions, quant à celles qui seraient d'un intérêt particulier. Cette dernière mesure se trouve nécessitée pour l'exercice des art. 26, 27, 28, 29 et 30, c'est-à-dire, pour les communications entre les chambres et les ministres, ainsi que pour les rapports entre les chambres et les pétitionnaires.

La seconde commission remplirait les fonctions de la chambre, dans l'intervalle des sessions, à l'égard des pétitions d'un intérêt particulier. Quant à celles d'un intérêt général, elles seraient l'objet d'un rapport qui serait fait dans les premiers jours de la session suivante; et, en tout temps, les membres des chambres puiseraient, dans ces matières d'un grand intérêt, les propositions législatives qu'elles peuvent amener, et qu'ils croiraient devoir soumettre à la chambre.

Ainsi l'on n'aurait jamais à craindre de voir s'éteindre le feu de la liberté constitutionnelle; ainsi le droit sacré de pétition ne serait plus interrompu; ainsi la nation ne serait plus veuve de tous ses défenseurs, et le gouvernement représentatif verserait tous les jours ses bienfaits sur la France.

Mais, pour que les chambres puissent prononcer sur une pétition quelconque, elles ont besoin de renseignemens que le ministère seul peut leur transmettre. Est-ce une obligation pour le ministère de donner aux chambres les renseignemens demandés, ou bien peut-il rejeter ou éluder les demandes des chambres, en prétendant que les ministres du Roi ne doivent compte de leur gestion qu'à Sa Majesté? Ont-ils même droit à la reconnaissance des chambres, en leur accordant des renseignemens *officieux*, quand ils ne sont point tenus d'en donner d'*officiels* ? Est-il, dans ce dernier cas, de la dignité de la chambre que les membres de la commission aillent provoquer cette faveur au ministère ?

Dans les gouvernemens absolus, ces questions ne peuvent se présenter ; l'autorité du souverain fait la loi, et il ne doit compte de sa volonté qu'à lui-même.

Mais, dans les gouvernemens représentatifs, ces questions ne sont pas moins scandaleuses qu'elles ne le paraîtraient dans les gouvernemens despotiques. L'exercice de l'autorité étant réglé par la Charte constitutionnelle, chaque pouvoir, renfermé dans ses limites, doit concourir en harmonie avec les autres pouvoirs constitués pour l'exercice des franchises nationales, comme pour celui de la prérogative royale. Le Roi n'a pas l'autorité entière; il n'a que l'autorité que la Charte détermine, et il ne peut refuser aux autres pouvoirs les renseignemens nécessaires dans le cercle de leurs attributions constitutionnelles. Autrement, le gouvernement de représentatif deviendrait absolu, et les autres pouvoirs cesseraient d'exister sur les débris de la liberté publique. Le droit de pétition étant consacré par la Charte, tous les pouvoirs doivent, en ce qui les concerne chacun, favoriser la jouissance de ce droit; le pouvoir royal ne peut s'en abstenir, sous prétexte qu'il ne doit point compte aux autres pouvoirs. Cette réponse ne serait tolérable que dans les matières qui lui sont exclusivement réservées, telles que *le commandement des armées, les déclarations de guerre, les traités de paix, d'alliance et de commerce*, etc.; et peut-être encore la prudence et la politique lui conseilleraient de ne pas refuser les communications demandées, du moins en comité secret.

Si, dans les matières constitutionnelles, qui ne sont pas une attribution exclusive de la couronne, le Roi doit aux autres pouvoirs des renseignemens officiels, il n'appartient pas aux ministres, agens de l'autorité royale, d'affecter envers les chambres des tons inconstitutionnels, en rejetant ou en éludant leurs demandes de renseignemens; ce sont des renseignemens officiels qu'ils doivent aux chambres, et non des renseignemens officieux, c'est-à-dire, des moitiés ou des quarts de renseignemens qui n'entraîneraient jamais de responsabilité, puisque ces fractions de renseignemens ne seraient que le produit de la générosité ministérielle.

Les renseignemens transmis aux chambres par les ministres devant être officiels, il ne faut plus répéter l'inconvenance de voir les membres de la commission des pétitions courir de ministère en ministère, pour aller chercher des renseignemens ; il n'est pas même constitutionnel que la commission se contente de renseignemens verbaux donnés par le ministre présent ; la responsabilité exclut ce mode de correspondre. Il ne suffit pas de renseignemens officieux, il faut qu'ils soient officiels, c'est-à-dire, signés par le ministre. Dans le cas où les renseignemens seraient accompagnés de pièces justificatives, les ministres les adresseraient à la commission par un huissier qui leur rapporterait un inventaire des pièces, revêtu du récépissé signé du président de la commission. Ce récépissé serait retiré lors du rétablissement des pièces aux ministères.

Enfin, il n'existe dans la Charte aucun droit qui ne doive être suivi d'une jouissance réelle; ce ne serait qu'une illusion, s'il n'y avait pas de résultat. Quand la Charte autorise les Français à adresser des pétitions aux chambres, c'est afin que, si les agens de l'autorité ne répondent aux pétitionnaires que par des dénis de justice, les chambres puissent, en vertu de l'article constitutionnel, invoquer en leur nom la justice du Roi. Il ne suffit donc pas que les ministres donnent aux chambres des renseignemens sur l'état actuel des affaires qui sont l'objet des pétitions qui leur sont adressées, il faut de plus qu'ils leur transmettent les décisions survenues; sans quoi il serait très-inutile de recourir à l'intermédiaire de la chambre qui serait elle-même, ainsi que les pétitionnaires, privée de la connaissance de la décision qui aurait eu lieu, ou de la continuation de l'injustice qui persévérerait dans le silence.

La chambre, à son tour, s'empresserait de transmettre, par la voie de son président, à chaque pétitionnaire, l'avis de la décision qu'elle aurait reçue des ministres compétens, et même, quand elle le jugerait convenable, les renseignemens donnés avant la décision ministérielle, selon l'importance de la plainte ou de la réclamation.

Puisque des membres de la chambre des députés se plaignaient que les pétitions faisaient perdre du temps à la chambre, le projet présenté éprouverait nécessairement leur contradiction ; ils trouveraient même que, par son exécution, la chambre s'immiscerait dans l'administration du royaume et empiéterait sur la prérogative royale, puisque le Roi est le chef suprême de l'administration.

Rassurons-les sur cette crainte superstitieuse : la chambre ne s'immiscerait en rien dans l'administration, pas même autant qu'aujourd'hui, en recommandant certaines pétitions aux ministres ; elle n'influerait en rien sur la décision à intervenir qui serait seule l'œuvre de l'administration ; seulement, pour la garantie et l'exercice du droit constitutionnel de pétition, elle s'assurerait de l'état actuel de l'affaire de tout plaignant qui se croirait écrasé de déni de justice ; elle veillerait encore à ce que toute plainte ou réclamation fondée ne pût pas être privée d'une décision légale ; elle aurait soin en un mot, pour ne pas laisser continuellement le pétitionnaire dans l'attente d'une décision, qu'il fût prononcé au moins par voie de rejet, si la réclamation ne paraissait pas fondée.

Quant à la correspondance de la chambre avec les pétitionnaires, il ne faut pas s'effrayer du temps qu'elle exigerait; d'abord elle n'enleverait pas une minute aux séances, puisque la chambre correspondrait par la voie de son président; ensuite, cette correspondance se réduit infiniment, puisqu'elle n'existerait pas pour les affaires d'un intérêt général, les journaux apprenant aux pétitionnaires le sort de leurs placets. Elle se réduirait encore beaucoup quant à la partie des renseignemens, parce que les pétitionnaires se serviraient souvent du ministère des agens d'affaires, qui pourraient aller demander à la commission des pétitions, comme ils le font dans les ministères, les renseignemens relatifs aux pétitions de leur clientelle. Enfin cette correspondance serait encore peu volumineuse, puisque l'on ne pourrait adresser aux chambres des pétitions d'un intérêt particulier, qu'après avoir parcouru tous les degrés de l'administration.

Mais, je ne crains pas de le dire, rien ne devrait être négligé pour la surveillance et la conservation d'un droit aussi précieux qui est la sauvegarde de tous les autres droits constitutionnels, et la clef de la voûte du gouvernement représentatif. Nous aurons toujours un respect religieux pour la prérogative royale; mais nous observerons avec inquiétude que plus le gouvernement entreprend sur les franchises nationales, en dépassant les limites de son autorité, et plus le pouvoir national paraît céder de ses droits sur lesquels il ne peut être fait de concession. L'auteur de la Charte ayant déclaré que cette Charte était *son plus honorable titre aux yeux de la postérité*, les autres pouvoirs ne peuvent mieux lui témoigner leur respect, leur amour et leur reconnaissance, qu'en l'exécutant religieusement, et en provoquant contre ses sacriléges infracteurs toute la sévérité de la loi.

TITRE IV.

De la Révision de la Charte.

Dans la proclamation du 28 juin 1815 : « Je prétends, dit le Roi, ajouter à cette « Charte toutes les garanties qui peuvent en « assurer le bienfait. » Par l'ordonnance du 13 juillet 1815, le Roi indiqua ces garanties dans la révision de quelques articles de la Charte, relatifs surtout aux colléges électoraux et à la chambre des députés.

Mais, par l'ordonnance du 5 septembre 1816, il fut déclaré qu'il n'y aurait pas de révision. Cependant le bienfait promis était déjà acquis à la France, et une ordonnance d'exception ne peut pas plus la priver de cette révision si nécessaire, que les lois d'exception ne peuvent la priver de la Charte même. La royauté est comme la divinité : jamais la divinité ne retire ses bienfaits, toujours elle les prodigue même aux ingrats.

L'ordonnance du 5 septembre semble même abrogée par les lois d'exception qui l'ont suivie, car les lois d'exception sont des actes de révision ; mais il est digne de la majesté royale de ne jamais réviser que d'une manière généreuse, c'est-à-dire, toujours pour étendre, et jamais pour restreindre la liberté publique.

« Si l'ordonnance du 5 septembre a interdit « toute révision de la Charte, disait le comte « de Vogué à la chambre des députés, par « la même raison une autre ordonnance peut « l'autoriser. »

Ou bien nous aurions toujours à craindre que la Charte qui nous a été octroyée en vertu d'une ordonnance, ne nous fût elle-même retirée par une autre ordonnance.

On a vu le ministère, dans la discussion de la loi sur le recrutement, révéler la variabilité des ordonnances, et préconiser la stabilité de la loi ; en suivant l'échelle de proportion, la loi fondamentale doit être plus stable que la loi ordinaire.

« Les limites des lois sont, uniquement, « dans leur opposition avec des lois supé« rieures, telles que les lois divines et natu« relles, et les lois fondamentales de la mo-

« narchie. » (SIMÉON, *chambre des pairs*, 28 *février*.)

Elle ne doit plus être profanée par des mains sacriléges, une fois qu'elle sera reconnue, après révision, digne du Roi et *du peuple auquel il est fier de commander*.

Oserait-on avancer que la Charte nous est due, parce qu'elle nous fut octroyée; mais que nous n'avons pas le même droit à la révision de la Charte, parce que la révision ne fut que l'objet d'une promesse? Cette manière de raisonner serait un outrage à la royauté; la parole d'un Roi de France est sacramentelle; la parole de Louis-le-Désiré doit l'être surtout, puisqu'il a déclaré qu'*il n'a jamais rien promis en vain*. De cette révision dépend l'existence du gouvernement représentatif. D'ailleurs le projet du Roi de modifier la Charte était dû *à la leçon de l'expérience* et *au vœu bien connu de la nation*. (Ord. du 13 juillet 1815.)

Cette révision est nécessaire sous d'autres rapports, avant de livrer la Charte constitutionnelle à la conservation des siècles.

« Après avoir lu attentivement le plan de « constitution proposé par le sénat, dit le « Roi dans sa déclaration datée de Saint-

« Ouen, nous avons reconnu que les bases « en étaient bonnes, mais qu'un grand nom- « bre d'articles, portant l'empreinte de la pré- « cipitation avec laquelle ils ont été rédigés, « ne peuvent, dans leur forme actuelle, « devenir loi fondamentale de l'état. » En conséquence, le Roi renvoya ce projet à deux commissions prises dans le sénat et dans le corps législatif, et leur adjoignit des commissaires de son conseil.

Il est malheureux que ces commissions n'aient pas répondu aux précautions que le Roi avait prises pour que cette Charte fût digne de lui et *du peuple auquel il est fier de commander*. Ce travail n'a d'autre mérite que d'avoir mis en tête les articles qui étaient à la fin; d'avoir présenté un tout sans méthode et sans rédaction plus heureuse, et d'y avoir inséré des articles destructifs du gouvernement représentatif que le Roi accordait à la nation.

Le Roi avait jugé l'œuvre de ces commissions; il avait reconnu son imperfection, puisque, le 13 juillet 1815, il avait rendu l'ordonnance portant que les articles 16, 25, 35, 36, 37, 38, 39, 40, 41, 42, 43, 44, 45 et 46 de la Charte seraient soumis à la révision du pouvoir législatif dans la prochaine session des deux chambres.

En effet, le gouvernement représentatif est manqué dans la Charte, et les trois pouvoirs sont constamment dans une fausse position qui ne nous représente qu'une monarchie absolue au lieu de la royauté tempérée qui devait faire notre bonheur. Le pouvoir royal n'a fait qu'empiéter sur les deux autres branches du pouvoir législatif, et, par des lois d'exception, il a retiré la Charte qu'il nous avait donnée; la chambre des députés, oubliant à tout instant qu'elle est le pouvoir démocratique, se livre à un respect superstitieux pour le trône, et l'ébranle en le revêtant de ses dépouilles; et la chambre des pairs, pouvoir intermédiaire, n'a pas empêché les froissemens du pouvoir royal sur le pouvoir démocratique; pouvoir conservateur, elle n'a pas, par une sage force d'inertie, conservé les franchises nationales attaquées et détruites par les lois d'exception et par la manière dont les autres lois s'exécutent ou ne s'exécutent pas.

Bornons-nous à une preuve de nos assertions, tirée de l'article qui paraîtra le moins contestable. « Art. 22. Le Roi seul sanc-

« tionne et promulgue les lois. » Cet article ne peut exister en même temps que les articles suivans :

« Art. 16. Le Roi propose la loi. »

« Art. 46. Aucun amendement ne peut « être fait à une loi, s'il n'a été proposé ou « consenti par le Roi. »

« Art. 15. La puissance législative s'exerce « collectivement par le Roi, la chambre des « pairs et la chambre des députés des dépar- « temens. »

Faisons précéder ma démonstration du besoin de déclarer qu'il ne peut exister en France de loi qui ne soit l'expression de la volonté du monarque, parce que *accepter* et *rejeter*, c'est *régner ;* mais le Roi ne peut pas plus accepter que rejeter ce qu'il a proposé lui-même, ou ce qu'il a déjà accepté. En effet,

Ou le projet de loi (que la Charte qualifie *loi* abusivement) est rejeté par les chambres, et il n'y a pas de loi, puisqu'il n'y a pas unanimité de volonté dans les trois pouvoirs, conformément à l'article 15, et il n'y a pas matière à sanction ;

Ou le projet de loi est amendé, et les amendemens sont rejetés par le Roi, et l'on retombe dans le cas précédent ;

Ou le projet de loi est amendé, et les amendemens sont consentis par le Roi, conformément à l'article 46 ; ou bien le projet de loi est accepté sans amendemens ; et, dans l'un et l'autre cas, il y a loi, parce qu'il y a unanimité de volonté dans les trois pouvoirs, au désir de l'article 15; mais il n'y a pas matière à sanction, le Roi ne pouvant plus accepter ni rejeter ce qu'il a proposé d'après l'article 16, ou ce qu'il a consenti d'après l'article 46, parce qu'on ne peut ni s'accepter ni se réfuter soi-même. La conséquence contraire entraînerait le renversement de l'article 15, et il n'y aurait plus exercice collectif de la puissance législative par les trois pouvoirs, lorsqu'il plairait au Roi de ne pas sanctionner une loi proposée par lui et consentie par les chambres. Quand les trois pouvoirs ont unanimement concouru à la loi, je pense qu'il y a nécessairement loi, indépendamment de la sanction royale ; autrement, le pouvoir royal, qui ne peut point détruire une loi par une ordonnance, pourrait la détruire sans ordonnance ; autrement, au lieu de l'exercice collectif des trois pouvoirs, il n'y aurait que l'exercice d'un des trois pouvoirs, et l'ordonnance envahirait le domaine de la loi ; autrement, le tiers du pouvoir législatif détruirait l'œuvre des deux autres tiers, et se jouerait lui-même de ses propositions.

On conçoit facilement que si les chambres avaient la proposition de la loi, ou si les amendemens n'étaient pas préalablement consentis par le Roi, d'après l'article 46, le Roi qui n'aurait pas concouru à la formation de la loi, exerçât son concours, sa portion de puissance législative, par la sanction, c'est-à-dire, par l'acceptation ou le rejet de l'œuvre des chambres ; parce qu'on peut accepter ou rejeter ce qui est proposé par autrui, tandis que l'on ne peut accepter ni rejeter ce que l'on propose soi-même, ou ce que l'on a déjà accepté, ou bien alors la sanction royale ne serait que *l'acceptation de l'acceptation*, *la sanction de la sanction* des chambres.

Aussi Louis XVI n'avait pas l'initiative parce qu'il avait le *veto ;*

Aussi Napoléon n'avait pas le *veto*, parce qu'il avait l'initiative ;

Aussi en Angleterre le pouvoir qui a la sanction n'a pas l'initiative, parce que l'initiative et la sanction se repoussent mutuellement.

Et quel danger y avait-il à confier l'initiative aux chambres,

1° Lorsque la chambre des *pairs* est composée de membres nommés par le Roi;

2° Lorsque le Roi peut en augmenter le nombre d'une manière illimitée;

3° Lorsque cette chambre est dirigée par un président nommé par le Roi;

4° Lorsque les projets de la loi sont renvoyés à l'examen des bureaux;

5° Lorsque la discussion ne s'ouvre qu'après le second examen fait par une commission, et son opinion émise par un rapporteur;

6° Lorsque la décision de la chambre a besoin de l'acquiescement de la chambre des députés;

7° Lorsque, en vertu du droit de sanction, le Roi peut encore rejeter l'œuvre des chambres;

8° Lorsque la chambre des *députés* ne peut être composée que de députés nommés par des électeurs qui paient une contribution directe de 300 fr.;

9° Par des électeurs âgés de 30 ans;

10° Par un collége électoral dirigé par un président nommé par le Roi ;

11° Lorsque tout député doit payer une contribution directe de 1000 fr. ;

12° Lorsqu'il doit être âgé de 40 ans ;

13° Lorsque la chambre est dirigée par un président nommé par le Roi ;

14° Lorsque la chambre des députés prend les mêmes précautions énoncées dans les numéros 4, 5 et 6, et que la décision de la chambre a besoin de l'acquiescement de la chambre des pairs ;

15° Lorsque, en vertu du droit de sanction, le Roi peut encore rejeter l'œuvre des chambres ;

16° Lorsqu'enfin le Roi peut dissoudre la chambre des députés ?

L'exécution de l'ordonnance du 13 juillet 1815 allait faire le bonheur de la France, et c'est une calamité publique que la nation ait été privée des effets de la promesse royale. Il n'y a qu'à voir les articles dont la révision était annoncée, pour se convaincre que Sa Majesté avait reconnu que les bases du gouvernement représentatif avaient été méconnues, ainsi que l'expérience le prouve tous les jours. La révision de ces articles aurait en effet établi la balance des pouvoirs ; nous jouirions de ce grand bienfait depuis plusieurs années, tandis qu'il ne nous reste qu'à déplorer l'erreur fatale, et à voter vivement le retour à l'ordonnance de révision.

Ce vœu déplaira aux agens de l'autorité ; mais loin de l'affaiblir, il tend à la consolider : organiser plus fortement le corps représentatif, c'est contenir chacun des trois pouvoirs dans les limites qui lui sont assignées par sa nature ; c'est assurer l'indépendance du corps intermédiaire, en le rendant inaccessible aux atteintes de l'un des deux autres pouvoirs ; c'est empêcher tout empiétement royal ou populaire ; c'est prévenir toute convulsion politique, fruit naturel des lois d'exception ; c'est maintenir la balance des pouvoirs ; c'est livrer aux siècles le pacte social et le bonheur de la nation française.

Je fais le vœu que la Charte soit révisée ; que quelques articles soient corrigés, d'autres supprimés, d'autres enfin ajoutés, et que le dernier article porte révision tous les vingt ans, avec peine de la déportation contre celui qui, dans l'intervalle, aurait la témérité de proposer la suspension de quelque liberté publique ou particulière. Moyennant cette mesure tutélaire, le peuple français ne sera plus dépouillé du bienfait de la loi fondamentale qui ne défend pas moins les prérogatives du trône que les franchises de la nation.

Le moment naturel pour réviser la Charte et resserrer le lien qui unit la nation au Roi par des concessions prudentes, sages et nécessaires, si l'on veut le gouvernement représentatif (1), c'est le moment où les étrangers laisseront la frontière libre. La France, redevenant alors une nation au dedans et au dehors, fera la gloire de son Roi, comme son Roi fera son bonheur ; ce n'est qu'alors que le chef de la nation pourra dire : « Nous « avons pris toutes les précautions pour que « cette Charte fût digne de nous et du peuple « *auquel nous sommes fiers de commander.* » (Ordonnance de réformation.)

---

(1) Je donnerai alors mon ouvrage prophétique, intitulé : *Examen de la Charte, nécessité d'un gouvernement représentatif plus fortement organisé, erreurs et omissions qui nous priveront de ce grand bienfait jusqu'à la révision de la Charte.*

CONCLUSION.

La Charte nous avait donné le gouvernement représentatif. Par l'ordonnance du 13 juillet 1815, le Roi s'était proposé d'améliorer et de consolider son œuvre ; le génie du mal a empêché le bonheur de la France qui était dans l'intention du Monarque, en la privant de l'exécution de cette ordonnance qui réalisait les concessions royales, et qui asseyait le gouvernement représentatif sur ses bases naturelles ; ce n'est pas le seul malheur arrivé à la France, puisqu'elle s'est vue successivement dépouillée de toutes ses libertés constitutionnelles.

La liberté publique a été envahie, puisque l'indépendance des colléges électoraux a été méconnue, que la levée de l'impôt a eu lieu sans le consentement des trois pouvoirs, que le recrutement de l'armée s'est fait sans l'autorisation de la loi ; que la discussion et le vote ne sont point libres dans les chambres, que les Français ont été distraits de leurs juges naturels, et que la responsabilité ministérielle n'existe pas.

La liberté *particulière* ne devait pas être

plus respectée, puisque les citoyens faibles ne sont pas protégés contre leurs puissans oppresseurs, au nom de l'égalité des Français devant la loi; qu'ils ne peuvent parvenir indistinctement aux emplois publics, au moyen de la Charte qui les y appelle; que la liberté individuelle a été à tout instant menacée par le pouvoir exorbitant confié au ministère; que les libertés de l'église gallicane ne sont pas en sûreté devant le nouveau concordat; que la liberté de la presse est étouffée; que la fidélité de la poste aux lettres est un problème; que le revenu de la propriété est presque absorbée par l'impôt; que la liberté des enfans est de nouveau menacée par une espèce de conscription, et que le droit de pétition n'est qu'illusoire.

Comment avoir quelque confiance lorsque, dans la cinquième année qui a suivi l'émission de la Charte, les lois organiques ne sont pas encore faites; que l'opinion publique est méprisée; que l'opposition, au lieu d'être hors du ministère, est dans le ministère; que les trois pouvoirs sont constamment dans une fausse position, et que la révision des bases du gouvernement représentatif est indéfiniment ajournée?

Vainement, disait-on, dans les discours prononcés devant Sa Majesté, qu'*aucune puissance au monde ne parviendrait à en priver le peuple français ;* et il a suffi au ministère de ne pas présenter les lois organiques et de provoquer des lois d'exception, pour enlever à la nation la jouissance de la concession royale.

On légitimait tout autrefois par la maxime, *le salut du peuple est la suprême loi* (1) ; elle paraît aujourd'hui remplacée par la maxime contraire, *le salut du ministère* est la suprême loi, puisque le ministère enrichit son domaine des débris des franchises nationales.

Cette conduite, si différente de celle du ministère qui le précéda, nous porte à proposer ce problème : « Lequel des deux mi-
« nistères a mieux mérité du trône et de la
« nation, ou le ministère de 1815, qui,
« vierge encore d'arbitraire, se retira patrio-
« tiquement, désespérant de pouvoir faire
« le bien ; ou le ministère qui lui succéda,
« qui, fort uniquement des lois d'exception,
« sacrifie tous les jours la nation à sa propre
« existence ? »

La solution saisit, afflige et désespère,

---

(1) *Salus populi suprema lex esto.*

lorsque l'on voit la France entière menacée de ruine, de *révolution et de chaos*, par la destruction de la balance des pouvoirs, et par l'élévation d'un pouvoir aux dépens des autres pouvoirs, ainsi que l'a prophétisé le ministre de la police générale, au moment qu'il demandait cependant à la chambre des députés, en 1817, de lui sacrifier la balance des pouvoirs et d'élever un pouvoir aux dépens de l'autre, en lui sacrifiant pour la quatrième fois la liberté de la presse, ce fanal incommode pour tout ministère qui ne veut point respecter la Charte constitutionnelle.

Ah! s'il en est encore temps; si, du haut des cieux, Louis IX et le roi martyr veillent sur la France; si le génie du bien est encore assez puissant pour conserver ce beau royaume, rentrons à l'instant dans la Charte, et dans la Charte promptement révisée; que la nation réalise tous les bienfaits que son auguste souverain n'avait accordé qu'à son *besoin réel*; que le gouvernement représentatif, fondé sur la Charte et sur ses lois organiques, ne tarde plus à faire le bonheur d'un aussi grand peuple; que cette heureuse révolution soit la dernière de toutes les révolutions ; que la Charte redevienne à jamais le *point de ralliement et le signe d'alliance de tout Français*, et que le premier perturbateur qui osera provoquer la suspension de quelques libertés nationales, aille expier loin de cette terre chérie la témérité de ses propositions, également déclaré l'ennemi de la nation et du Roi, auteur et protecteur du pacte social !

FIN.

TABLE DES MATIÈRES.

Fin de la Table des Matières.

www.ingramcontent.com/pod-product-compliance
Ingram Content Group UK Ltd.
Pitfield, Milton Keynes, MK11 3LW, UK
UKHW021940200726
13856UKWH00005B/626

9 782011 751065